Mai 68 - une approche transatlantique

Timo Obergöker / Jean-Frédéric Hennuy (eds.)

Mai 68 –
une approche transatlantique

PETER LANG

Information bibliographique de la Deutsche Nationalbibliothek
La Deutsche Nationalbibliothek a répertorié cette publication dans
la Deutsche Nationalbibliographie; les données bibliographiques
détaillées peuvent être consultées sur Internet à l'adresse
http://dnb.d-nb.de.

Ce livre a été co-financé par l'Association des francoromanistes allemands.
Gedruckt mit freundlicher Unterstützung des Frankoromanistenverbandes
(francoromanistes.de)

Illustration de la couverture : © Sanao

ISBN 978-3-631-80655-5 (Print)
E-ISBN 978-3-631-84137-2 (E-PDF)
E-ISBN 978-3-631-84138-9 (EPUB)
E-ISBN 978-3-631-84139-6 (MOBI)
DOI 10.3726/b17826

© Peter Lang GmbH
Internationaler Verlag der Wissenschaften
Berlin 2021
Tous droits réservés.

Peter Lang – Berlin · Bern · Bruxelles · New York · Oxford · Warszawa · Wien

Il a été revu par des pairs avant sa publication.

www.peterlang.com

TABLE DES MATIÈRES

Remarque préliminaire

Dans le monde francophone Mai 68 continue à être envisagé comme un événement s'inscrivant dans une temporalité et une spatialité bien délimitées : Paris, France, notamment les 5ᵉ et 6ᵉ arrondissements entre le 22 mars et le 30 juin 1968 (début des manifestations à Nanterre avec l'émergence de Daniel Cohn-Bendit comme leader du mouvement jusqu'au second tour des élections législatives entérinant la victoire de la droite). Peu de recherches ont été effectuées jusqu'à ce jour sur les répercussions de cet événement dans la périphérie francophone. En Belgique, l'année 1968 semble être placée sous le signe de la querelle linguistique et la scission en deux de l'Université de Leuven. A Bruxelles, les étudiants néerlandophones, inspirés par les évènements louvanais, accueillirent dans la liesse le leader flamand Pol Goossens, ce qui conduisit à des manifestations violentes entre défenseurs des Francophones et étudiants flamands. La *Vrije Universiteit Brussel* de langue néerlandaise acquit son indépendance définitive en 1969.

Comme en France, en empruntant des voies quelque peu différentes, Mai 68 libéra les mœurs et servit de catalyseur à un mouvement plus vaste de remise en question des piliers traditionnels de la société pendant les années 1970. Si l'événement *Mai 68* était vraisemblablement moins violent en France, ses retentissements pendant les années 1970 n'en sont pas moins comparables à ceux qu'a connus la France.

Un constat similaire s'impose au Québec où le mécontentement des étudiants éclata au grand jour en février 1968 à l'Université de Montréal. Sous l'influence des événements de Berkeley, les années 1968–70 étaient turbulentes à l'Université Mc Gill, également avec le mouvement *Mc Gill français* en faveur de la francisation de l'université. Notamment Stanley Gray, enseignant de Sciences Politiques, est associé à ce mouvement dont les modes d'expression s'inspirent d'ailleurs bien davantage de la Californie que de la Sorbonne. Le constat est sans appel, 1968 est un événement dont les profondes répercussions ne sont pas circonscrites à Paris mais concernent l'entièreté du monde francophone occidental. Ces liens se sont manifestés notamment au printemps 2012, année du "printemps érable", qui développa une esthétique proche de celle de 1968. Quoique…

C'est dans ce champ de force à la fois géographique, sociologique, littéraire et historique que s'inscrivent les contributions à ce livre.

Alain Farah, à la fois acteur et observateur des événements qui secouèrent le Québec en 2011/12 et que l'on nomma sans doute un peu hâtivement 'Printemps érable', s'interroge dans son texte 'Le gel et le dégel' sur la portée tant symbolique que politique des événements et les inscrit dans ce qu'Hubert Aquin, en abordant la Rébellion des Patriotes de 1837/38 appelle *L'Art de la Défaite*.

Guillaume Bellehumeur aborde les événements de ce "long Mai 68 québécois" (en vérité une suite d'événements plus ou moins liés qui s'étendent entre le printemps 1968 et l'hiver 70/71) en s'interrogeant sur le rôle qu'ont joué l'Internationale Situationniste et ses textes fondateurs (notamment ceux de Guy Debord) au sein de la révolte estudiantine de la fin des années 1960 à l'École des beaux-arts.

Alex Demeulenaere nous propose une lecture croisée de deux textes abordant le contexte insurrectionnel de la fin des années 1960 et du début des années 1970. En s'appuyant sur *Camarades de classe* de Didier Daeninckx et sur *La constellation du lynx* de Louis Hamelin, il s'interroge sur les limites et les possibilités de la représentation d'un événement historique par le biais de la littérature, fictionnelle ou documentaire.

Emir Delic nous présente une étude de cas particulièrement intéressante, celle du combat de la Francophone acadienne (appelée parfois de façon un peu malencontreuse ultrapériphérique) pour avoir accès à un enseignement supérieur de qualité en langue française. Il explore la genèse de l'Université Sainte-Anne en Nouvelle-Écosse et la situe dans l'ensemble des mouvements littéraires, culturels et linguistiques en Acadie durant cette "longue décennie 1970".

Lorsqu'au printemps 2012 d'énormes manifestations étudiantes eurent lieu au Québec, les commentateurs se dépêchèrent de comparer ces événements au mai parisien, tant les slogans, l'esthétique et la farouche volonté de changer le monde se ressemblaient, de prime abord. Le texte de Timo Obergöker lance un défi à cette vision en mettant en avant que le "printemps québécois" est le produit d'une constellation historico-culturelle propre au Québec.

L'article d'Anna Clayfield élucide l'internationalisation d'un combat nationaliste et s'interroge sur les modalités et les biais par lesquels la Révolution cubaine a influencé l'idéologie du Front de Libération du Québec, acteur principal de la crise d'Octobre en 1970. Face à l'inertie de la gauche française, la gauche indépendantiste québécoise a cherché des alliés en Amérique Latine. Terre d'exil pour quelques militants indépendantistes, Cuba offrit un accueil plutôt réservé aux indépendantistes québécois.

Julien Jeusette, lui, parcourt l'héritage de Mai 68 dans le roman noir français, genre en pleine éclosion dans les années 1980. Partant d'une interrogation théorique sur la notion de mémoire dans une perspective marxiste, il s'interroge sur la postérité de 68 dans un monde dominé de plus en plus par la doxa néo-libérale. Partageant un passé dans l'extrême-gauche, les écrivains usent du genre du polar pour nous rappeler que l'échec n'est jamais définitif et porte en lui, paradoxalement, autant de révoltes futures.

Que soit remerciée, chaleureusement, Sandra Han-Poujat pour sa correction consciencieuse de ce manuscrit.

Alain Farah (McGill, Montréal)

Le gel et le dégel.
Onze remarques sur l'année 2012, Mai 68, le Québec, la France, les mots

1

Si l'on me demande quels liens peuvent bien unir les événements de Mai 68 en France à ceux de l'année 2012 au Québec, je réponds *je ne sais pas.* Et si je réponds que je ne sais quoi répondre, c'est que la connexion ne se fait pas automatiquement dans ma tête : je n'étais pas né en 1968 ; en 2012 j'étais déjà trop vieux. Je ne dis pas que ces liens n'existent pas. Il y en a plusieurs, mais opérer un rapprochement entre ces deux mobilisations provoque chez moi un embarras de pensée. Des images surgissent, des souvenirs, des questions, des mots, aussi. Mais je n'ai pas une vision claire sur la chose. Je suis confus, mais habité par l'impression que 2012 a été le 68 de *ma* génération. Comment puis-je dire cela ? Ces mois, je les ai vécus comme professeur et non comme étudiant... Mais peut-être que le découpage générationnel ne tient plus devant ces grands moments d'effervescence politique. Cette grève de plusieurs mois a secoué le Québec comme il ne l'avait plus été depuis le référendum de 1995. C'est comme si entre ces deux moments, le temps était gelé ; le politique, le politique au sens fort, le politique comme l'entend Jacques Rancière, le politique qui reconfigure notre rapport à l'expérience,[1] n'avait pas eu lieu. Puis, en 2012, il a resurgi. Si l'on me demande de tisser des liens entre ces deux moments historiques, c'est la seule chose que je peux faire : raconter quelques anecdotes ou quelques impressions de lecture qui surgissent n'importe comment, mais d'une certaine façon.

2

Chacun possède sa chronologie intime des événements de 2012. Pour plusieurs, le moment de basculement de la crise étudiante vers une crise sociale coïncide avec *les casseroles.* C'est ainsi qu'on continue de surnommer les manifestations spontanées qui se sont déroulées pendant quelques jours dans plusieurs villes québécoises, en mai 2012. Le gouvernement de Jean Charest, en poste depuis plus de 9 ans, avait été depuis le début de la crise d'une totale intransigeance

---

1   Jacques Rancière, *La Mésentente* (Paris : Galilée, 1995).

envers les étudiants. Ce blocage volontaire du conflit semblait s'expliquer par des raisons électoralistes, la question de la hausse des frais de scolarité[2] polarisant l'opinion publique. Devant l'ampleur des manifestations et le refus des étudiants de rentrer en classe, le gouvernement Charest a fait voter une loi d'exception qui limitait drastiquement le droit de manifester, une loi décriée jusqu'à l'ONU. La réaction des gens ne s'était pas fait attendre, et tous les soirs, après l'heure du souper, des manifestations spontanées avaient lieu dans les rues de Montréal. J'ai tapé de la casserole avec mes enfants. Trois mois plus tôt, une manifestation avait été organisée en plein milieu de l'après-midi devant les bureaux tout neufs ouverts par Google, rue McGill College, à un jet de pierre de l'université où j'enseigne, et où mes étudiants ont tant peiné à faire reconnaître leur droit de grève par la haute administration, qui de concert avec le gouvernement, a préféré à l'époque parler de "boycott". Dans les bureaux de Google, une conférence de presse a donc lieu. Le premier ministre Charest est présent à la conférence, et parmi ses collaborateurs, mon père, qui s'occupe du développement économique à la ville de Montréal. Je suis en bas de l'immeuble, dans la rue ; avec mes étudiants, nous essayons de perturber l'événement, nous essayons d'empêcher que l'inauguration des locaux de la multinationale ait lieu. Je pense à Charles Baudelaire qui va aux barricades en 1848 avant tout pour insulter le Général Aupick. J'aime mon père, mais l'appel est trop fort. Le politique, ce sont aussi des histoires de famille.

3

J'ai en tête cette vieille phrase de Baudelaire, qui rappelle sa volonté de ne plus participer directement à l'action politique, mais seulement de biais, par l'écriture : "L'Émeute, tempêtant vainement à ma vitre/Ne fera pas lever mon front de mon pupitre."[3] Puis d'une autre, écrite le 5 mars 1852 à son précepteur : "vous ne m'avez pas vu au vote, c'est un parti pris chez moi. Le 2 décembre m'a physiquement dépolitiqué."[4] Le poète, pourtant aux barricades en février 1848, se replie. En quelques mois seulement, les idéaux romantiques ont été liquidés. Louis-Napoléon Bonaparte a pris le pouvoir de force, il fait appel au personnel politique conservateur déjà en place, assoit son autorité, jusqu'à se proclamer,

---

2   Pour des détails sur cette hausse, qui devait à terme atteindre 75%, et sur le reste des événements, voir : <https://www.thecanadianencyclopedia.ca/fr/article/la-greve-etudiante-quebecoise-de-2012-et-la-loi-78>.

3   On reconnaît les vers de "Paysage", tiré des *Tableaux parisiens*.

4   <https://fr.wikisource.org/wiki/Lettres_(Baudelaire)/Texte_entier>.

un an après son coup d'État du 2 décembre 1851, Empereur des Français. Baudelaire, dans sa lettre, emploie l'expression *physiquement* dépolitiqué. Le choix de cet adverbe, explique l'universitaire Pierre Laforgue, signifie l'intention non pas de renoncer à une conscience et à une action politiques, mais de prendre une distance vis-à-vis les lieux où elles se manifestent pour ne plus y engager son corps directement.[5] Il y a ces moments de petites et de grandes ruptures, où les illusions ne tiennent plus. La campagne électorale québécoise du printemps 2014 m'a inspiré un dégoût pour la politique des politiciens. Appelons cela ma démobilisation. Je crois ne pas être le seul à le ressentir ainsi. Ce repli se comprend mieux au regard des intensités vécues en 2012, comme si toute expérience politique devait désormais s'évaluer à l'aune de ces semaines de mobilisation spontanée. Après le gel, le dégel. Puis le gel. Nous sommes nombreux au Québec, peu importe nos allégeances, à avoir eu l'impression, pour une rare fois, que l'ordre établi vacillait en 2012, que les événements échappaient à ce qui était écrit d'avance. Mais l'élection du Parti québécois, en septembre 2012, seulement par des poussières, puis l'empressement de ce nouveau gouvernement à tourner la page sur la mobilisation historique du printemps, le délétère débat sur la Charte des valeurs, l'opportunisme populiste de certains penseurs du nationalisme identitaire, l'entrée à l'Assemblée nationale de l'oligarque Pierre Karl Péladeau en même temps que le retour si rapide des libéraux de Philippe Couillard au pouvoir, tout cela je le réalise maintenant, m'a physiquement dépolitiqué.

4

Au début de l'année 1965 paraît dans *Liberté* un fameux article d'Hubert Aquin intitulé "L'art de la défaite : considérations stylistiques".[6] Celui qui fait paraître la même année *Prochain Épisode* étudie de son inimitable manière les conditions de l'échec des Rébellions de 1837–1838 qui ont agité le Bas-Canada. "Anthologie d'erreurs"[7], "guerre perdue d'avance"[8], Aquin n'est pas tendre avec ses ancêtres rebelles. Ce qui est surprenant, c'est son refus "d'explications objectives"[9] pour justifier la défaite, préférant y voir une fatalité toute canadienne française : "les Canadiens français sont capables de tout, voire même de fomenter leur propre

---

5   Pierre Laforgue, *Baudelaire dépolitiqué* (Paris : Eurédit, 2002).
6   Hubert Aquin, "L'art de la défaite : considérations stylistiques", *Liberté*, 7 | 1–2 (1965), pp. 33–41.
7   *Ibid.*, p. 33.
8   *Ibid.*
9   *Ibid.*

défaite".[10] L'échec ne s'explique pas par une question d'armements, ou d'organisation. Citant Franz Fanon, Aquin le prouve en comparant les rebelles canadiens aux Américains de 1776, qui "à deux pas de chez nous ! ont utilisé une guérilla avant la lettre contre les troupes royales de Georges III, troupes au demeurant en tous points semblables à celles qui patrouillaient la Vallée du Richelieu en 1837",[11] de même que les Espagnols qui, quelques années plus tard, feront reculer la Grande Armée de Napoléon. L'explication de la défaite n'est pas militaire : elle concerne la destinée tragique des Québécois. La tragédie, c'est d'ailleurs la forme à laquelle se réfère Aquin pour s'expliquer comment la "victoire exaltante"[12] de Saint-Denis a pu se solder par un si échec total. Il compare cet oubli de poursuivre l'offensive, cette inexplicable léthargie, au "blanc de mémoire"[13] d'un chœur dans une tragédie classique. Puis, il se ravise : et si à la place "les Patriotes n'avaient pas eu un blanc de mémoire à Saint-Denis, mais [s]'ils étaient bouleversés par un événement qui n'était pas dans le texte" ?[14] Cet événement, c'est cette victoire au début de la Rébellion, victoire imprévue pour les Canadiens Français, eux qui sont "conditionnés à la défaite comme d'autres le sont au suicide".[15] Cette erreur qui consiste à ne pas profiter de cette opportunité est fatale. À partir de là, le sort en est jeté. Les Patriotes vont faire la guerre comme les Anglais le leur ont appris, retrouvant leur rôle habituel de perdants, eux qui ne vénèrent pas "un soldat inconnu"[16] mais "un soldat défait et célèbre",[17] "un combattant dont la tristesse incroyable continue d'opérer en nous, comme une force d'inertie".[18] Les ancêtres d'Aquin ont raté leur révolution nationale. Ils l'ont ratée "parfaitement",[19] "ils l'ont même ratée avec un courage exemplaire".[20]

---

10 *Ibid.*
11 *Ibid.*, p. 34.
12 *Ibid.*, p. 35.
13 *Ibid.*
14 *Ibid.*
15 *Ibid.*, p. 36.
16 *Ibid.*, p. 37.
17 *Ibid.*
18 *Ibid.*
19 *Ibid.*
20 *Ibid.*

5

Au moment où il écrit ces lignes, Aquin sait forcément qu'un autre type de révolution est entamée dans son coin de pays. On connaît la chanson : la mort de Duplessis est évidemment suivie par la *Révolution tranquille*, dont il importe de relever le caractère oxymorique et l'origine de l'expression. On associe souvent cette dernière à un journaliste du *Globe and Mail*, quotidien de Toronto qui aurait employé la formule lors de l'élection de Jean Lesage en 1960. Mais selon le sociologue Jean-Philippe Warren, spécialiste de cette période : "on peut avancer que, sans le reconnaître, les Québécois n'ont fait que récupérer pour eux-mêmes un concept qui était dans l'air du temps et qui servait déjà à qualifier toute une pléiade de plans de réforme en Asie, en Afrique et en Amérique latine."[21] Le sociologue prétend donc qu'"il y a dans la pérennité de l'expression *Révolution tranquille* quelque chose de réconfortant, et pour les tenants de la normalité et pour les partisans de l'exceptionnalité du Québec."[22] L'expression est peut-être entrée dans les usages précisément parce qu'elle permet de nommer une révolution qui n'en est pas tout à fait une. Difficile pourtant de ne pas pointer cette coïncidence : Aquin revient sur une rébellion ratée au mitan d'une série de réformes qui prend les habits d'une révolution qui n'aura pas lieu. Un an plus tôt, l'écrivain a annoncé qu'il *prenait le maquis* ; il milite depuis pour une révolution armée en bonne et due forme, plaidant la folie passagère au moment où il est arrêté avec une arme dans son véhicule.

6

J'aime penser que les historiens de demain considéreront les événements qui se sont déroulés au Québec au printemps 2012 de la même manière que nous imaginons les Rébellions de 1837–1838 et les mouvements sociaux qui surviennent lors de la Révolution tranquille : comme des moments de lutte et de progrès qui par leur intensité politique reconfigurent notre rapport à la société. Ce sont étrangement ces deux événements anciens qui me viennent en tête et non les événements de 1968, si je me pose la question des liens entre 2012 et la célèbre insurrection étudiante. Cela parle sans doute de la distance toujours plus grande qui sépare le Québec et la France, comme si, une fois éteint le fantasme de la

---

21 Jean-Philippe Warren, "D'où vient l'expression Révolution tranquille ?", *Le Devoir* (4 avril 2016) <https://www.ledevoir.com/opinion/libre-opinion/467186/d-ou-vient-l-expression-revolution-tranquille≥.

22 *Ibid.*

mère patrie qui nous a si longtemps habités collectivement, les comparaisons et les liens étaient plus difficiles à faire et à tisser. Je dis cela mais il est arrivé, quand j'étais plongé au cœur des manifestations étudiantes de 2012, d'invoquer les "fantôme[s] de Mai 1968"[23] dont parle Le Goff, peut-être parce que les deux événements, ces *divines surprises*, sont venus chacun à leur manière "rompre un cours du temps que l'on croyait indéfiniment uniforme. La société va être ébranlée par le mouvement lancé par les étudiants, sans que personne, y compris ses principaux acteurs, ait pu penser qu'il puisse advenir".[24] Il m'est bien sûr venu à l'esprit, après avoir tant décrié ce gel[25] politique, que les manifestations étudiantes pourraient nous sortir de l'apathie politique, même si ces rapprochements fantasmés n'altèrent en rien la totale singularité de Mai 68 :

> Mai 68 ne ressemble guère aux événements de l'histoire passée, tant du point de vue des acteurs que des revendications avancées. Ce mouvement est déclenché par une catégorie sociale, les étudiants, non encore insérée économiquement et socialement, considérée comme privilégiée. Cette jeunesse s'affirme soudain comme un acteur social questionnant des valeurs et des institutions qui semblaient faire l'objet d'un large consensus. Rien n'échappe à sa critique : les institutions, les autorités en place, les rapports sociaux.[26]

Peut-être que les événements de 2012, dans le *continuum* de l'histoire du Québec, n'ont rien à envier à ceux de Mai 1968, tant ils me semblent marquants… Je dis *me semblent* car je n'arrive pas à parler de la mobilisation de 2012 avec

---

23 Jean-Pierre Le Goff, *Mai 68, l'héritage impossible* (Paris : La Découverte, 2002), p. 16.
24 *Ibid.*, p. 59.
25 Voir Pierre Lefebvre, Robert Richard, "Le temps est gelé : entretien avec Paul Chamberland et Alain Farah", *Liberté*, 50 | 4 (2009), pp. 34–50. Pour les cinquante ans de la création de la revue *Liberté*, en 2009, le comité éditorial propose un entretien mené par les animateurs de la revue avec le poète Paul Chamberland, qui était à Paris en 1968, et moi. Nous réfléchissons à la question des liens entre littérature et politique. En dialoguant avec Paul Chamberland, un poète qui a émergé pendant la Révolution tranquille et qui a participé à toutes les manifestations de ce qu'on pourrait appeler un âge des victoires, j'en arrivais à ce constat d'un moment contemporain marqué par l'apathie. Chamberland a vécu son enfance sous le joug de forces coloniales et de leurs subordonnés cléricaux, un ordre étouffant. Or, le démantèlement de cette domination coloniale a été rendu possible grâce à un enthousiasme qui a fait en sorte que les nombreux dégels propres à la Révolution tranquille ont pu advenir. Jusqu'en mars 2012, l'apathie générale et l'impression profonde que le temps était gelé, que toute possibilité de subversion était récupérée, à peine énoncée, me semblaient dominantes. Les événements entourant la mobilisation étudiante ont changé radicalement la donne, même si cela n'a pas duré.
26 Jean-Pierre Le Goff, *Mai 68, l'héritage impossible*, p. 75.

surplomb ou objectivité : mon récit est enfermé dans ma propre expérience de ces événements.

7

Je gagne ma vie en enseignant la littérature française à McGill. Cette occupation me procure plusieurs avantages, dont celui, non négligeable, d'avoir l'impression d'être dans un certain décalage avec le reste du Québec. Il y a longtemps qu'on parle d'une *McGill bubble* et les mois d'agitation politique comme nous en avons connus en 2012 confirment cette impression que le campus doré de la rue Sherbrooke est parfois une sorte de sas éloigné du quotidien québécois. Ce n'est pas nécessairement désagréable. Parfois le futur arrive plus vite que prévu. Un exemple ? Ici, 2012 a débuté le 10 novembre 2011, quelques jours après le premier gel destructeur de l'automne. En sortant, en fin d'après-midi, d'un cours que je venais de donner sur Jean-Paul Sartre ou Madame de Staël, je me suis retrouvé au centre d'une manifestation devant le Pavillon James, le cœur administratif de l'université. Cet attroupement d'une centaine d'étudiants s'était formé à partir de la dizaine de milliers de participants au premier grand rassemblement dénonçant la hausse des frais de scolarité. Ce rassemblement avait eu lieu plus tôt dans l'après-midi, et il s'est terminé à McGill College devant les bureaux montréalais du premier ministre Jean Charest. L'attroupement face au James Building aurait été spontanément provoqué par des communications entre les manifestants et des étudiants ayant décidé d'occuper les bureaux d'Heather Monroe Blum, à l'époque Principale de McGill et membre du conseil d'administration de la Banque royale du Canada. Comme cela allait devenir habituel quelques mois plus tard, cette manifestation s'est terminée par l'intervention de l'escouade tactique de la police de Montréal : le poivre, les gaz, les chevaux, les hélicos, bref, tout l'arsenal qu'on déploiera, d'avril à juin 2012, pour maintenir l'ordre public. Ce sentiment d'être dans l'œil de la tempête, à l'avant-garde de l'arrière-garde, ce sentiment qui me hantait depuis mon arrivée à McGill en 2009, a été exacerbé durant ces mois d'agitation politique. Je le disais : chacun a sa petite chronologie personnelle de ces mois d'intensité politique. Ainsi, plusieurs se remémoreront longtemps des manifestations monstres des 22 du mois, de la difficile soirée du 4 mai à Victoriaville où une manifestation devant une réunion du gouvernement a viré à l'émeute, de la marche nocturne du 18 mai juste après l'adoption de la loi d'exception, de la curieuse effervescence à Montréal lors du Grand Prix, de la fatidique soirée du 4 septembre où un homme armé a tenté d'assassiner Pauline Marois, tout juste élue Première ministre du Québec. Sur cette ligne du temps, il ne faudrait pas oublier la journée du 7 avril, formidable instantané de ce qui se sera dit lors de ce printemps. L'événement *Nous* ? a rassemblé plus de soixante-dix intervenants de plusieurs milieux, chacun tentant de réfléchir à l'état actuel de la démocratie québécoise. Il me rappelle la fameuse expression de Michel de Certeau, tirée d'un article publié (et republié depuis) dans la revue *Études*[27] : "En mai dernier, on a pris la parole comme on a pris la Bastille en 1789". Il y avait quelque chose de cet ordre, le 7 avril 2012, quelque chose qui rappelait cette citation de Pierre Nora :

> Mai 68 est un festival de parole agissante : toutes les formes cohabitèrent pour constituer l'événement lui-même : parole des leaders et parole anonyme, parole murale et parole verbalisée. Parole étudiante et parole ouvrière, parole inventive ou citative, parole politique, poétique, pédagogique, ou messianique, parole sans paroles, et parole bruit. L'événement est devenu intimement lié à son expression.[28]

Parmi les soixante-dix intervenants, il y a Mathieu Bock-Côté, sociologue devenu chroniqueur d'un journal populiste. Finement déployé à partir du "Maître chez nous" de Lesage, l'intervention de Bock-Côté pointe le point d'interrogation du titre de l'événement, symptôme selon lui d'une culpabilisation québécoise qui suit la déclaration de Jacques Parizeau[29] après sa défaite référendaire. Ce Québec, dira Bock-Côté dans *Fin de cycle*,[30] un essai publié quelques semaines avant son allocution au Monument national, est paralysé par un prétendu "consensus progressiste" d'une intelligentsia trop multiculturaliste pour mettre son épaule à la roue de l'épanouissement national.

8

Difficile de ne pas rester songeur en lisant *Fin de cycle*. Le chant victimisant de l'essayiste s'inscrit dans la séquence de propositions déclinistes qui, au Québec comme en France, depuis le début des années 1980, observe le prétendu démantèlement de nos sociétés. Selon Bock-Côté, les intellectuels progressistes occupent des positions dominantes dans la société québécoise, imposent depuis leur pyramidion une doxa gauchisante à un peuple pourtant réfractaire à ce discours :

---

27 Michel de Certeau, "Pour une nouvelle culture : le pouvoir de parler", *Études*, 408 | 5 (2008), pp. 628–635.

28 Cité par Le Goff, p. 73.

29 On se souvient de la phrase du Premier Ministre lors de son discours de défaite le soir du 30 octobre 1995 : "C'est vrai qu'on a été battus, au fond, par quoi ? Par l'argent, puis des votes ethniques, essentiellement."

30 Mathieu Bock-Côté, *Fin de cycle, Aux origines du malaise politique québécois* (Montréal : Boréal, 2012).

la crise des accommodements raisonnables [a]révél[é] la fracture de la société québécoise entre, d'une part, ses élites qui se retrouvent dans un consensus progressiste se
radicalisant à mesure qu'il est refusé par la majorité silencieuse et, d'autre part, cette
dernière qui se caractérise par un certain conservatisme culturel et un nationalisme
majoritaire censuré médiatiquement, mais bien enraciné.[31]

Si cette fracture existe, elle laisse à mon avis résolument les tenants du discours
progressiste dans une position absolument minoritaire. En acceptant d'activer
la polarité élite/masse, il faut admettre que la fine fleur dont parle Bock-Côté
est moribonde numériquement, ghettoïsée géographiquement. Ailleurs dans
son texte, Bock-Côté explique que "la lutte des classes est passée de gauche à
droite",[32] oblitérant par contre les conditions économiques et sociales qui pro-
duisent les lacunes culturelles et historiques d'une bonne partie de la population
du Québec, lacunes qui la mènent au mépris d'un pseudo "système idéologique
dominant" qui à bien y penser, se limite au *Devoir* et au Centre d'information
de la SRC, les deux seuls endroits n'ayant pas tout à fait été contaminés par la
logique de la profitabilité et de l'hystérie spectaculaire. Pour parler en termes
sociologiques, il y a une ironie à observer Bock-Côté, que l'*habitus* rend capable
d'apprécier le prestige symbolique des lieux qu'il attribue à une "élite", être
empêché de conquérir ces mêmes lieux par ses dispositions idéologiques…
Peut-être est-ce de là que provient cette mélancolie qui ne se laisse pas souvent
trahir, mais qu'on sent poindre à quelques moments, surtout lorsque l'intellectuel s'attriste de la "grisaille contemporaine", du renoncement à l'humanisme,
de la résurgence rêvée d'un "patriotisme occidental", du retour d'"un conservatisme investi d'une certaine tonalité existentielle". Peut-être est-ce encore une
désespérance héritée d'un autre siècle (celui de Chateaubriand ?) ou encore la
peur d'en confronter les affres, qui donnent à Bock-Côté une confiance inébranlable envers le langage, envers le principe même de l'identité, envers le sens
commun, presque comme si le XXe siècle n'avait pas eu lieu. Il y a là, en tous
les cas, beaucoup trop de signes de santé pour ne pas rendre malade le lecteur,
qu'il appartienne ou non à cette "gauche post-moderne" dont j'aimerais bien
connaître la définition. Et lorsque j'entends Bock-Côté sérieusement craindre
une désoccidentalisation du Québec, quand je le vois continuer à penser le
devenir d'un peuple en fonction du fantasme de l'origine, je m'en remets moi-
même au "d'où je viens", comme si on pouvait sérieusement se contenter d'une

---

31 *Ibid.*, p. 39.
32 *Ibid.*

unique réponse à l'énigme de la provenance. Heureusement que la littérature existe pour remettre les choses en place, c'est-à-dire, sens dessus dessous.

9

Les moments d'intensité politique ne peuvent se lire que dans une série, même s'ils sont paradoxalement des évènements qui dérogent au cours habituel des choses. On se souvient de la magistrale leçon de Karl Marx au sujet de la révolution de 1848 dans *Le dix-huit Brumaire de Louis-Napoléon Bonaparte*. Le philosophe expose deux effets possibles de la tradition : "[celui] qui donn[e] des forces pour accomplir les tâches exigées par l'histoire à une époque donnée, [celui] qui au contraire [est] surtout mystificateur parce qu'il condui[t], au lieu de mener les combats du présent, à parodier les luttes du passé."[33] C'est ainsi que non seulement les "événements et personnages de l'histoire mondiale surgissent pour ainsi dire deux fois"[34] mais que s'ils apparaissent dans toute leur force tragique à l'origine, leur retour se vit sur le mode de la "farce". L'observation de Marx est sans appel : "La tradition de toutes les générations mortes pèse comme un cauchemar sur le cerveau des vivants."[35]

10

Peut-être que je trouve la meilleure réponse à cette question de l'écho de Mai 68 dans les événements de 2012 entre les lignes du plus récent essai de Jean-François Hamel, paru aux Éditions de Minuit l'an dernier, tout juste avant le début des commémorations de 1968. Le critique québécois, spécialiste des politiques de la littérature, a choisi son titre en référence directe à une intervention du 24 mai 1968 de Christian Fouchet, ministre de l'Intérieur. Ce dernier invite les Parisiens à "vomir cette pègre qui sort des bas-fonds de Paris et qui est véritablement enragée, dissimulée derrière les étudiants."[36] Réponse du Comité d'action des étudiants écrivains auquel Hamel consacre son essai : *nous sommes tous la pègre*. Je suis convaincu que c'est l'impulsion collective de 2012 qui a incité cette recherche de Jean-François Hamel, j'en suis convaincu parce que j'ai marché à ses côtés lors de plusieurs manifestations, et que nos conversations

---

33 Karl Marx, *Le dix-huit Brumaire de Louis-Napoléon Bonaparte* (Paris : Éditions sociales, 1993), p. 33.
34 *Ibid.*, p. 69.
35 *Ibid.*
36 Le Goff, p. 93.

évoquaient parfois les fantômes de 68. La recherche de Hamel cherche donc à suivre à la lettre la trajectoire du Comité, et surtout la contribution de Blanchot. Nous sommes ainsi conviés à une relecture des événements de 1968 qui nous permet de comprendre ce que les événements politiques font aux écrivains. Ils les *dépolitiquent*, mais pas seulement. Blanchot revendique plutôt une existence citoyenne dans l'immanence de son refus, dans le fait de tenir sans compromis à cette liberté qui consiste à dire non :

> À rebours d'une tradition philosophique qui conçoit l'acte révolutionnaire comme un geste de fondation, cette multitude acéphale [le Comité] affirme sa puissance d'agir sans opérer de conversion institutionnelle de sa révolte, sans instituer un nouvel ordre après la destitution de l'ordre ancien, sans imposer de restriction juridique à la liberté absolue, comme si elle abdiquait sa souveraineté politique.[37]

Hamel relève ainsi "l'impulsion anarchique de mai", de même que la difficulté qui consiste à parler des événements au moment même où ils surgissent. Blanchot pointe en effet le problème des livres au sujet de mai qui paraissent très vite dans la suite des événements. Ils sont pour lui "inaptes, en raison de leur forme même, à porter une authentique critique du pouvoir."[38] Blanchot propose un plaidoyer pour la souveraineté anarchique de la littérature qui déplace la question de la souveraineté politique :

> il sait fort bien que, pour édifier un monde, faire œuvre parmi les hommes, marquer l'histoire, la littérature n'est d'aucun secours. Mais le secret de sa puissance est justement là, dans son insoumission à l'ordre des fins, dans sa souveraineté anarchique, sourde à toute volonté, réfractaire à toute maîtrise, qui rend impossible son arraisonnement à une finalité pratique : 'la littérature n'accepte jamais de devenir moyen.'[39]

11

Si l'on m'accuse d'avoir tout au long de ces quelques fragments tenté à tout prix d'éviter la question des liens entre 2012 et 1968, je ne peux que saluer la perspicacité de ceux qui m'adressent ce reproche. Je le disais d'entrée de jeu : cette question provoque chez moi un *embarras de pensée*. J'emprunte cette expression à Nathalie Quintane, qui réfléchit elle-même dans ses récents livres à l'insoluble question des politiques de la littérature, notamment à cette tentation de chercher des "périodes de calque"[40] au moment d'envisager l'histoire à venir.

---

37 Jean-François Hamel, *Nous sommes tous la pègre* (Paris : Minuit, 2018), p. 18.
38 *Ibid.*, p. 52.
39 *Ibid.*, p. 63.
40 Nathalie Quintane, *Tomates* (Paris : P.O.L., 2010).

D'aucune manière, les événements de Mai 68 n'ont ce statut par rapport à ceux de 2012, les étudiants québécois ont très bien su dessiner leur mobilisation par eux-mêmes. Parlant de dessins, je pense notamment à l'intelligence des productions de *L'École de la montagne rouge*,[41] collectif composé d'étudiantes et d'étudiants en design graphique de l'UQAM (université, faut-il le rappeler, née des suites des manifestations *McGill français* début 1969), collectif qui inventera un syntagme dont j'ai évité méthodiquement l'usage. En fin de compte, la modeste contribution de l'écrivain aux questions politiques se limite à ce qu'il connaît le mieux : les mots. Je parle de l'expression *Printemps érable*, inventée par ces étudiants créateurs, diffusée d'abord de manière ludique sur leurs pancartes, puis, par un phénomène qui m'échappe, récupérée jusqu'à plus soif par les médias. La volonté de faire un clin d'œil aux révoltes du Printemps arabe qui avaient eu lieu quelques mois avant, tout au long de l'année 2011, m'a toujours semblé belle, ludique, désirable. Il n'y avait aucune prétention chez les étudiants d'en faire un slogan politique, précisément parce que la comparaison ne tenait pas : d'un côté des révoltes embrasant des pays entiers pris pendant des décennies sous de terribles dictatures, des émeutes provoquant des guerres civiles dont on ne compte plus les morts, et de l'autre, quelques mois de mobilisation autour d'enjeux liés au maintien du privilège d'avoir un système d'éducation ouvert et accessible à tous. Je n'ai jamais entendu un seul journaliste problématiser cet usage de l'expression, et des années après, cette récupération médiatique continue de me déranger. Patricia Boushel et Anna Sheftel, dès l'automne 2012, dans le *Dictionnaire de la révolte étudiante,* pointait du doigt d'autres problèmes liés à ce syntagme et propres à la réalité québécoise, pas toujours en paix avec le fait que la véritable révolution politique qui a agité la province pendant des décennies, c'est-à-dire cette indépendance du Québec souhaitée par les Patriotes et par Aquin, n'a pas eu lieu :

> Pour les Québécois, un printemps érable évoque les cabanes à sucre. Mais l'érable est aussi le symbole national canadien. [...] Ce printemps érable représente-t-il un mouvement national québécois, ou ces idées printanières en dépassent-elles les frontières ? L'origine réside clairement dans la province, mais un lecteur international pensera-t-il que le printemps est canadien ? Les médias anglophones ont traduit l'expression par Maple Spring. Or, cette traduction amène une lumière bien différente sur l'affaire.[42]

---

41 <http://ecolemontagnerouge.com/>.
42 Laurence-Aurélie Théroux-Marcotte, Mariève Isabel, Guy Rocher (éds.), *Dictionnaire de la révolte étudiante : du carré rouge au printemps québécois* (Montréal : Tête première, 2012), p. 161.

Guillaume Bellehumeur (McGill, Montréal)

De la chaleur de Mai aux froids d'Octobre. L'Internationale situationniste dans l'occupation de l'École des beaux-arts de Montréal (1968)

> Où trouver, dans tout ce bousillage, une phrase qui ne soit un plagiat, une déformation inintelligente de nos théories, ou qui n'ait été provoquée par elles ![1]

La révolte étudiante d'octobre 1968, au Québec, évolue dans l'ombre du "véritable" octobre québécois, celui de 1970, et du "vrai" soulèvement de 1968, celui du Mai français. Comme l'affirme Marcel Fournier, "dans les ouvrages d'histoire contemporaine du Québec, les références à la contestation étudiante d'octobre 1968 sont rares et brèves."[2] Qui plus est, lorsque les historiens s'y attachent, c'est le plus souvent en reconstituant une espèce de guerre des sigles et acronymes (U.G.E.C., A.G.E.U.M., ou le très limpide L.C.(ml)C.)[3], et en donnant la part – trop – belle aux figures des *leaders* étudiants. Cela a pour effet de réduire la contestation à sa seule dimension bureaucratique, et d'évacuer ses pans les plus radicaux. Il s'agira donc ici de prendre une certaine distance avec une telle lecture des événements, et de s'inscrire dans une lignée parallèle à ces considérations propres aux groupes étudiants officiels. Pascal Dumontier avance qu'"une meilleure connaissance de Mai 68 [peut] se former surtout à partir de ses expressions les moins connues et non à partir de ses images les plus stéréotypées"[4] ; nous croyons ainsi que, corollairement, l'étude de l'occupation de l'École des beaux-arts de Montréal peut apporter un éclairage nouveau à la contestation étudiante québécoise d'octobre 1968.

Notre travail est ainsi analogue à celui de Dumontier ; alors que celui-ci réévalue Mai 68 à l'aune de la critique situationniste, nous ferons de même, mais à

---

1 Friedrich Engels, Karl Marx, *Correspondance*, t. II, (Paris : Alfred Costes, 1931), p. 171.

2 Marcel Fournier, "Mai 68 et après. Mouvement étudiant et sciences sociales au Québec", *Bulletin d'histoire politique*, 3 | 1 (1994), p. 76.

3 Dans l'ordre : Union générale des étudiants du Québec, Association générale des étudiants de l'Université de Montréal, Ligue communiste (marxiste-léniniste) du Canada.

4 Pascal Dumontier, *Les Situationnistes et Mai 68* (Paris : Ivréa, 1995), p. 18.

plus petite échelle, en nous concentrant sur les événements survenus aux Beaux-Arts de Montréal, entre le 11 octobre et le 7 novembre 1968. Prenant au mot Claude Laflamme, qui affirme en 1998 que les occupants furent inspirés par les situationnistes,[5] il s'agira d'abord de rappeler brièvement le rôle qu'a joué l'Internationale situationniste (I.S.) dans les événements de Mai, en France, et de montrer comment sa pensée s'est diffusée en milieu étudiant, au Québec. Nous mènerons ensuite une lecture croisée de textes situationnistes et de l'École des beaux-arts de Montréal occupée, afin d'évaluer de quelle manière la critique de l'I.S. travaille ces derniers. Enfin, nous tirerons des conclusions à propos des faiblesses et des réussites de l'occupation d'octobre 1968, avec comme point d'appui sa compréhension et son utilisation des concepts situationnistes.

"De Nanterre à Lionel-Groulx"[6]

Fondée en 1957 par l'union de plusieurs groupuscules d'avant-garde artistico-révolutionnaires, l'I.S. se distingue de ses prédécesseurs dadaïstes et surréalistes par la fusion très nette qu'elle opère entre "l'esthétique et le politique"[7]. Les situationnistes s'adonnent à une relecture du marxisme et cherchent à provoquer la révolution "par tous les moyens, même artistiques".[8] Leur activité peut être vue, en somme, comme une réactualisation du mot d'André Breton : " 'Transformer le monde', a dit Marx ; 'changer la vie', a dit Rimbaud : ces deux mots d'ordre pour nous n'en font qu'un."[9]

Malgré sa prétention de se trouver dans toutes les têtes, l'I.S. reste longtemps assez mal connue en dehors de cercles restreints dans les quelques pays où elle est active. Ce n'est qu'entre 1966 et 1968 qu'elle atteint une certaine notoriété. Trois événements permettent une plus large diffusion de la critique situationniste. Tout d'abord, l'implication de l'I.S., en 1966, dans ce que l'on appelle le "Scandale de Strasbourg", qui débouche sur la publication d'une brochure très critique du monde

---

5   Mathieu Perrault, "L'art qui dérange", *La Presse* (26 avril 1998), p. B5. Laflamme donne une entrevue dans la foulée de la sortie de son film sur l'occupation des Beaux-Arts, *La République des beaux-arts. La malédiction de la momie.*
6   Yves Leclerc, "Le pouvoir étudiant. La contestation permanente", *La Presse* (19 octobre 1968), p. 11.
7   Mirella Bandini, *L'Estetico il politico. Da Cobra all'Internazionale Situazionista 1948/1957* (Milan : Costa & Nolan, 1977).
8   Guy-Ernest Debord, "Rapport sur la construction des situations", Gérard Berreby (éd.), *Textes et documents situationnistes 1957–1960* (Paris : Allia, 2004), p. 16.
9   André Breton, "Congrès des écrivains, Paris, juin 1935, Id., *Position politique du surréalisme* (Paris : Le Livre de poche, 2011), p. 68.

universitaire, intitulée *De la misère en milieu étudiant*.[10] Ensuite, la publication coup sur coup des deux ouvrages phares du groupe, en 1967, à savoir *La Société du spectacle*[11] de Guy Debord, et *Traité de savoir-vivre à l'usage des jeunes générations*[12] de Raoul Vaneigem. Finalement, le rôle qu'elle joue pendant les journées de Mai, en 1968, durant lesquelles elle appelle à l'élargissement de la contestation au milieu ouvrier, par le biais du "Comité enragés-Internationale situationniste" et du "Comité pour le maintien des occupations" (C.M.D.O.). Notons par ailleurs que plusieurs slogans emblématiques de Mai sont issus de l'I.S.[13]

Au Québec, les situationnistes sont encore aujourd'hui mal connus, mais il n'en reste pas moins que leurs idées y circulent depuis 1960. En effet, sous l'impulsion de Patrick Straram, camarade de Guy Debord arrivé à Montréal en 1958, paraît une revue à tendance situationniste, *Cahier pour un paysage à inventer*.[14] De plus, le bulletin de l'I.S. lui-même est envoyé à plusieurs personnes au Québec, de même qu'à la revue *Liberté*.[15] Un autre canal de diffusion s'ouvre en parallèle dans le milieu universitaire québécois. À l'Université de Montréal, les rédacteurs du *Scopitone*, supplément littéraire du journal étudiant *Quartier latin*, reproduisent des extraits de *De la misère*, en plus de titrer, à la une de leur second numéro, *Vive l'Internationale situationniste !*[16] À l'École des beaux-arts de Montréal, cette diffusion passe surtout par un de ses étudiants, Yves Robillard, qui découvre les situationnistes à la lecture de la revue de Straram,[17] et tente même d'adhérer au groupe pendant un séjour en France ; il ne parvient toutefois pas à convaincre Debord de le laisser rejoindre les rangs des situationnistes.[18] Il revient malgré tout à Montréal en 1964, avec dans ses bagages les

---

10 *De la misère en milieu étudiant considérée sous ses aspects économiques, politique, psychologique, sexuel et notamment intellectuel et de quelques moyens pour y remédier* (Paris : Champ libre, 1976 [1966]).

11 Guy Debord, *La Société du spectacle* (Paris : Gallimard, 1992 [1967]).

12 Raoul Vaneigem, *Traité de savoir-vivre à l'usage des jeunes générations* (Paris : Gallimard, 1967).

13 Walter Lewino, *L'Imagination au pouvoir* (Paris : Allia, 2018 [1968]).

14 Patrick Straram et Louis Portugais (éds.), *Cahier pour un paysage à inventer*, 1 (1960).

15 "Listes d'adresses", fonds Guy Debord, NAF 28603, Bibliothèque nationale de France, document non répertorié, consulté avec l'aimable autorisation de Laurence Le Bras.

16 *Le Scopitone*, 2 (7 novembre 1967).

17 Yves Robillard, *Québec underground*, t. I (Montréal : Médiart, 1973), p. 77. Robillard entretient également, au moins entre 1961 et 1963, une correspondance avec l'architecte hollandais Constant, membre de l'I.S. de 1959 à 1960. Voir le dossier "Constant", fonds d'archives Yves Robillard, service des archives, Université du Québec à Montréal, 146P 2307 C-2.

18 Yves Robillard, *Vous êtes tous des créateurs* (Montréal : Lanctôt, 1998), p. 9.

revues de l'I.S., et fonde Fusion des arts, précurseur de l'Université libre d'art quotidien (U.L.A.Q.), qui mènera la contestation d'octobre 1968 aux Beaux-Arts. Jean-François Brossin, président de l'association étudiante de l'École pendant l'occupation, confirme également la présence de textes situationnistes au local de réunion.[19] Qui plus est, les occupants, qui s'emparent de l'imprimerie de leur institution, distribuent des versions "pirates" de *De la misère* et de *Banalités de base*, un texte de Vaneigem, "en collaboration avec l'Internationale situationniste".[20] Robillard l'énonce clairement, en 1973 : "l'U.L.A.Q. n'a jamais caché ses accointances et sympathies avec un certain international situationniste [sic]."[21] La pensée de l'I.S. se retrouve donc sans aucun doute chez les occupants de l'École des beaux-arts de Montréal ; reste maintenant à déterminer de quelle manière les thèses situationnistes agissent sur les modes d'action et l'écriture des occupants.

L'"École libérée des beaux-arts"[22]

L'occupation de l'École des beaux-arts s'inscrit dans la foulée du mouvement de contestation étudiant qui frappe une grande partie des institutions d'enseignement supérieur du Québec en octobre 1968. Amorcée le 8 octobre par l'occupation du Cégep[23] Lionel-Groulx, sous le mot d'ordre "pouvoir étudiant", la grève atteint son apogée le 11 du même mois, alors que 15 des 23 Cégeps de la province participent au mouvement.[24] Les revendications de la majorité des contestataires sont pragmatiques, et concernent surtout les débouchés pour les futurs diplômés des Cégeps. En effet, alors que les classes de ces institutions nouvellement créées débordent, on craint que la seule université francophone

---

19 Claude Laflamme, *La République des beaux-arts. La malédiction de la momie*, long métrage (Productions Vent d'Est, 1998), 7:45–8:35.

20 "Université libre d'art quotidien (ULAQ) 1967–1968. Revue 'Point Zéro', textes, illustrations", fonds d'archives Yves Robillard, *op. cit.*, 146P-660:01/18.

21 Yves Robillard, *Québec underground*, t. II (Montréal : Médiart, 1973), p. 283.

22 *Mutation*, 5 (23 octobre 1968). Il s'agit du journal étudiant de l'École des beaux-arts.

23 Collège d'enseignement général et professionnel. On y donne, d'une part, une formation technique et, d'autre part, une formation préuniversitaire. Le réseau laïc des Cégeps est mis sur pied en 1967, suivant les recommandations du rapport Parent (1963), et remplace les Collèges classiques, gérés par les religieux.

24 Pour plus de détails sur le déroulement général de la grève, voir Arnaud Theurillat-Cloutier, *Printemps de force. Une histoire engagée du mouvement étudiant au Québec (1958–2013)* (Montréal : Lux, 2017), pp. 58–82, et Jean-Philippe Warren, *Une douce anarchie. Les années 68 au Québec* (Montréal : Boréal, 2008), pp. 99–131.

de la métropole, l'Université de Montréal, ne suffise pas à accueillir la masse de nouveaux étudiants. La principale doléance des grévistes est le retard dans la création d'une seconde université francophone montréalaise. Malgré une frange plus radicale, le gros du mouvement des occupations cherche donc des solutions à des problèmes essentiellement étudiants ; l'État trouve alors des interlocuteurs avec lesquels négocier. Le mouvement, reconnaissant *de facto* la légitimité du gouvernement à régler les problèmes qu'il dénonce, s'essoufflera rapidement ; le 23 octobre, la majorité des étudiants est de retour en classe.

L'École des beaux-arts, quant à elle occupée entre le 11 octobre et le 7 novembre, est l'institution la plus longuement investie par les étudiants. Cela découle sans doute du fait que, contrairement à ses homologues des Cégeps et des quelques départements universitaires occupés, elle ne revendique (pour ainsi dire) rien, sinon une école et une vie "libérées". Les négociations sont plus complexes à entreprendre pour les instances gouvernementales, puisqu'elles ne disposent pas, du moins durant les premiers temps de l'occupation, d'interlocuteurs véritablement intéressés. Les revendications de l'École des beaux-arts, inspirées par la pensée de l'I.S., sont bien loin de ce que peut offrir l'État.[25] La posture intransigeante des occupants des Beaux-Arts rejoint les thèses situationnistes sur trois aspects en particulier, à savoir la critique de la marchandisation de l'art, la réinvention de la vie quotidienne et enfin la mise en place de l'autogestion et de conseils ouvriers. Chacune de ces revendications, si l'on peut les appeler ainsi, entre en rupture avec l'idée même d'autorité gouvernementale. L'influence de l'I.S. est donc ce qui fait des Beaux-Arts le groupe le plus radical du mouvement des occupations d'octobre 1968. En contrepartie, comme nous le verrons, sa critique se fige parfois dans un mimétisme sans doute trop admiratif des thèses situationnistes, qui explique la limite de son efficacité.

"Die Kunst ist tot"[26]

Dès la formation de l'ancêtre de l'I.S., l'Internationale lettriste (I.L.), en 1952, la volonté du groupe de s'éloigner des circuits artistiques et littéraires officiels est manifeste, comme en témoigne son document de fondation : "Circonspection extrême dans la présentation d'œuvres personnelles pouvant

---

25 Rappelons par ailleurs que si, sous l'impulsion du Parti libéral, la social-démocratie se met en place au Québec dans les années 1960, durant les grèves de 1968, c'est plutôt l'Union nationale, reconnue pour son conservatisme, qui occupe le pouvoir.

26 "L'art est mort". Affiche Dada, *Erste Internationale Dada-Messe* [Première exposition internationale Dada], Berlin, 1920.

engager l'I.L. [...] Exclusion de quiconque publiant sous son nom une œuvre commerciale."[27] Cette posture, qui sert de base à la suite du mouvement situationniste, sera précisée dans les années qui suivent. L'I.S. défend alors l'idée du "dépassement", puis de la "réalisation" de l'art. Fondée sur l'*Aufhebung* hégélien – en somme la résolution d'une relation dialectique – qui est tout à la fois remplacement, suppression et dépassement, la position situationniste entend prendre ses distances de l'art au sens courant du terme, à savoir l'art autonome apparu depuis la fin du XIXᵉ siècle. Il ne s'agit plus, pour l'I.S., de produire des œuvres, mais de produire sa vie comme seule réalisation valable, si nécessaire à l'aide de moyens appelés "artistiques". Ces derniers doivent servir à vivre plus intégralement, et non pas demeurer la chasse gardée d'une élite spécialisée.

L'École des beaux-arts de Montréal est l'endroit tout indiqué pour la réappropriation de cette critique, d'une part, de la marchandisation de l'art, et d'autre part de sa mise à l'écart de la totalité de l'existence. La lecture des textes de l'I.S. par les occupants détonne avec la vision très académique défendue par l'administration de leur École. Avant même l'occupation d'octobre 1968, le groupe Fusion des arts entend abolir la séparation, d'abord entre les différentes disciplines artistiques, et ensuite rendre cette pratique unitaire plus accessible à l'ensemble de la population. Comme les situationnistes, il refuse de donner un statut exceptionnel à un spécialiste nommé "artiste" :

> Nous refusons l'actuel isolement où est relégué l'art. Nous refusons de séparer l'art des autres activités sociales de l'individu. Nous refusons de le reléguer dans la sphère des loisirs occasionnels, mais nous refusons aussi de le considérer en dehors des intérêts généraux et immédiats de la communauté. Nous voulons identifier l'art avec la totalité de l'expérience humaine.[28]

Robillard, instigateur de Fusion des arts, est aussi très impliqué dans la contestation de 1968 aux Beaux-Arts, et participe à la fondation d'un autre groupe, l'U.L.A.Q. Ce dernier joue un rôle clé durant le mois que dure l'occupation, étant à l'origine de la majorité des tracts imprimés pendant cette période. L'un d'eux illustre bien la position très situationniste du groupe. Les "70 questions" apparaissent comme une provocation envoyée au gouvernement ; pour la plupart questions rhétoriques, elles ont moins pour fonction d'émettre des

---

27 "Conférence d'Aubervilliers", document de fondation de l'I.L., 7 décembre 1952. Reproduit dans Guy Debord, *Œuvres* (Paris : Gallimard, 2006), p. 88.

28 "Manifeste Fusion des Arts" (novembre 1965), reproduit dans Robillard, *Québec underground*, I, p. 204.

revendications que d'attaquer la marchandisation de l'art, à laquelle participe selon les occupants l'École elle-même :

- – Sommes-nous des businessman [sic]-producteurs ?
- – Sommes-nous uniquement des fabricants [sic] d'objets – uniques, peintures – sculptures ?
- – L'art est-il fait pour une minorité bourgeoise ?
- – Notre tâche est-elle de payer le loyer des galeries ?
- – Avez-vous hâte que votre cote monte ?
- – Combien de médailles comptez-vous recevoir ?
- – Penserez-vous à exhiber votre dernier costume dans le vent lors de votre vernissage ?
- – Penserez-vous à inviter papa, maman et J-N. Tremblay ?[29]
- – Dans combien d'années serez-vous une vedette ?[30]

Ces questions sont destinées, on peut l'imaginer, à un artiste stéréotypé, qui souhaite faire sa place dans le marché. Les "bonnes" réponses, pour l'U.L.A.Q., sont toute négatives ; il s'agit pour elle de sortir de cette logique de production d'objets d'art destinés à décorer les maisons et musées bourgeois. La reconnaissance institutionnelle ne l'intéresse pas, elle agit plutôt comme un repoussoir ; le succès commercial quant à lui ne confirme pas la réussite, mais bien l'échec d'une réalisation. L'U.L.A.Q. se serait sans doute reconnue dans le point de vue de Läinou qui, dans *L'Hiver de force* de Réjean Ducharme, affirme : "[l]eur gloire, je l'ai de travers dans le cul ; ma gloire c'est quand ils vont tous être d'accord pour dire que mon œuvre vaut pas de la marde."[31]

Dans cette optique, les créations de l'U.L.A.Q. se positionnent résolument du côté situationniste. La réalisation la plus notable de l'occupation d'octobre est sans doute à cet égard le labyrinthe réalisé dans l'auditorium de l'École. Ce labyrinthe n'a d'autre raison d'être que de provoquer des moments passionnants dans le quotidien ; ce n'est pas une œuvre que l'on peut vendre, mais plutôt une construction que l'on peut vivre. René Dostie, l'un des occupants, se souvient, un an après les événements :

> Il y a eu un gros labyrinthe, à l'auditorium, fait par deux filles. Les filles ont simplement pris des chaises qui étaient reliées six par six. Elles ont fait un immense labyrinthe qui aboutissait à un petit salon. Le petit salon était plein de coussins par terre

---

29 Jean-Noël Tremblay, ministre des Affaires culturelles du gouvernement de l'Union nationale.

30 "70 questions", tract, reproduit dans Robillard, *Québec underground*, II, pp. 110–111.

31 Réjean Ducharme, *L'Hiver de force* (Paris : Gallimard, 1985 [1974]), p. 19.

et de draperies sur les parois. Chaque individu qui avait traversé le labyrinthe devait raconter quelque chose. Cela se faisait automatiquement sans que personne ait besoin de le questionner. Quand quelqu'un arrivait, il avait traversé tout le labyrinthe, tout le monde applaudissait.[32]

Ce labyrinthe rejoint évidemment les visées situationnistes à propos de la fusion entre les pratiques artistiques et l'existence. La forme même de cette réalisation, le labyrinthe, est aussi l'une des préoccupations de l'I.L., qui entrevoit un temps la possibilité de construire ce qu'elle nomme un "labyrinthe éducatif" :

> Le labyrinthe pourra être constitué, au minimum, par plusieurs séries de couloirs, de forme identique, disposés assez habilement pour y rendre l'orientation réellement impossible. [...] Le labyrinthe pourrait avoir sa seule issue dans une pièce d'habitation meublée d'une façon surprenante (création de meubles et prototypes d'objets utilitaires jamais vus).[33]

Prévu dans la galerie Taptoe, à Bruxelles, ce labyrinthe ne verra pas le jour. Quelques années plus tard, l'I.S. tente à nouveau de réaliser un projet analogue. Le groupe entend alors démolir un mur du Stedelijk Museum d'Amsterdam, lieu retenu pour la création du labyrinthe, pour que celui-ci se poursuive dans la rue. Si cet autre projet ne se réalise finalement pas,[34] il reste que le motif du labyrinthe participe de la visée des situationnistes de faire entrer l'art dans la vie de tous les jours, dans l'expérience de ceux qui ne sont plus des spectateurs, mais des viveurs".[35]

Ce qu'il faut noter, ce sont d'ailleurs les endroits où sont prévues ces deux réalisations : un musée et une galerie d'art. Tous deux symboles de la marchandisation, voire surtout d'une conception élitiste de l'art, ces lieux, traditionnellement réservés à la minorité qui les fréquente, sont réinvestis par les situationnistes, qui en détournent l'usage et en font éclater les cadres. Ils tentent de provoquer un basculement de la contemplation vers l'interaction ; l'art n'est plus à regarder, mais à vivre. Le motif du labyrinthe lui-même fait prendre conscience de l'environnement, le rend présent. C'est aussi ce qui est provoqué par celui que mettent en place les occupants de l'École des beaux-arts[36] : plutôt que de simplement traverser l'auditorium sans prendre conscience du chemin

---

32 Entretien avec Robert Myre, reproduit dans Robillard, *Québec underground,* II, p. 165.

33 "Projet pour un labyrinthe éducatif", reproduit dans Guy Debord, *Œuvres,* pp. 284–285.

34 "Die Welt als Labyrinth" [Le monde comme labyrinthe], *Internationale situationniste,* 4 (juin 1960), pp. 5–7.

35 "Problèmes préliminaires à la construction des situations", *Internationale situationniste,* 1 (juin 1958), p. 12.

36 Notons que l'U.L.A.Q. réalise, quelques années après l'occupation, un autre grand labyrinthe, intitulé "Vive la rue Saint-Denis !"

parcouru, il provoque une action, une réaction, un *moment* pendant lequel *quelque chose* se passe. L'art véritable, pour l'I.S. et l'U.L.A.Q., se joue dans ce *quelque chose*. Sous l'occupation, l'École n'est plus un endroit neutre, c'est un environnement qui favorise les passions dans le quotidien, qui transforme la trivialité et l'éphémère en œuvre d'art.

"Les arts futurs seront des bouleversements de situation, ou rien"[37]

Pour les situationnistes, il n'est pas suffisant de seulement fondre l'art dans la vie, puisque cela peut ne relever que du domaine de l'esthétisme et ne se produire qu'à des moments bien précis, séparés du reste de l'existence. C'est pour cette raison qu'ils ne se reconnaissent pas dans des conceptions comme celle de "l'art et la vie confondus" d'Allan Kaprow, instigateur du *happening* aux États-Unis.[38] Même si le spectateur y est plus actif, qu'on y trouve une bonne part d'improvisation et qu'il sort du musée, le *happening* reste un événement artistique spécialisé, au sens où il survient sous l'impulsion d'une personne ou d'un groupe de personnes à un moment donné, dans un endroit prévu à cet effet, et n'a pas nécessairement d'impact sur la totalité de la vie des spectateurs. Pour l'I.S., cette pratique demeure, au fond, un spectacle. Les situationnistes entendent plutôt user des moyens dits artistiques pour procéder à la "critique de la vie quotidienne". Héritée du philosophe Henri Lefebvre,[39] cette expression se greffe au concept de "situation", forgé sous l'I.L. et à la base du nom "situationniste" adopté en 1957. Il s'agit de porter attention à la vie de tous les jours, de prendre conscience de l'aliénation dans laquelle le système capitaliste maintient l'humain, et de procéder au réenchantement de l'existence quotidienne par le biais de "bouleversements de situations". L'esthétique et le politique sont de nouveau associés dans la perspective de changer la vie dans ce qu'elle a de plus trivial ; plutôt que de procéder à la révolution par le Parti, ou par d'autres moyens "politiques" traditionnels, il s'agit d'y parvenir par la transformation et la désaliénation du quotidien. Vaneigem affirme à cet effet qu'"il y a plus de vérités dans vingt-quatre heures de la vie d'un homme que dans toutes les philosophies."[40]

---

37 Guy-Ernest Debord, "Prolégomènes à tout cinéma futur", *Ion. Centre de création*, 1 (avril 1952), p. 218.

38 Allan Kaprow, *Essays on the Blurring of Art and Life* (Berkeley : University of California Press, 1993).

39 Henri Lefebvre, *Critique de la vie quotidienne*, 3 vols., (Paris : L'Arche, 1958 [1946], 1961, 1981).

40 Raoul Vaneigem, *Traité*, pp. 13–14.

Chez les occupants de l'École des beaux-arts, la question du quotidien est partout, ne serait-ce que dans le nom même de l'Université libre d'art quotidien, qui exprime bien la volonté situationniste qui les habite. Toutefois, leur compréhension de la "critique de la vie quotidienne" et de la "situation" apparaît par moments limitée. À leur décharge, ce dernier concept, même s'il est à la base du terme situationniste, est assez mal défini par l'I.S. Debord en fait pourtant, dès son *Rapport sur la construction des situations*, un terme clé : "[n]otre idée centrale est celle de la construction de situations, c'est-à-dire la construction d'ambiances momentanées de la vie, et leur transformation en une qualité passionnelle supérieure".[41] L'U.L.A.Q. tente, comme elle le peut, de procéder à cette construction de situations. Malgré le sens parfois confus de ses textes, il reste que la prégnance du quotidien et de la situation dans sa contestation est manifeste :

> Vomissant son malaise, son aliénation, un homme nouveau émerge d'une situation nouvelle ; situation nécessité [sic] par besoin dans un climat de contestation et de Refus Global.
>
> Cet homme nouveau est responsable de sa liberté et de la réalisation de celle-ci, responsable de la situation et du contexte dans lesquels il évolue parce qu'il les crée. Et il les crée par besoin.
>
> [...]
>
> <u>Réinvention quotidienne de la vie</u>
>
> Par la pratique permanente de l'autocritique, cet homme nouveau en arrive à toujours se situer en un point zéro, c'est-à-dire en fonction d'une création continuelle dans toutes les situations de la vie et dans la réalisation des libertés individuelles et communes.
>
> D'où la nécessité de rendre la création quotidienne en rejetant les schémas et les "temps" de la culture.[42]

Les limites du mouvement d'occupation des Beaux-Arts sont bien visibles dans ce tract. On croirait parfois voir simplement recrachés les mots clés de "situation" et de "quotidien", sans réelle cohérence. Malgré tout, en cherchant à aller au-delà de cette impression, il est tout de même possible de noter la volonté des occupants de provoquer, dans leur vie de tous les jours, ce qu'ils nomment une "situation nouvelle", c'est-à-dire de libérer leur quotidien des impératifs notamment scolaires, par le biais d'une création qui réponde aux besoins de leur existence et non pas à des critères académiques.

Le mimétisme à l'œuvre dans la critique de la vie quotidienne, chez l'U.L.A.Q., est toutefois encore plus visible dans d'autres tracts, dont celui qui paraît à la fin

---

41 Guy-Ernest Debord, *Rapport*, p. 16.
42 "De l'autogestion", tract, reproduit dans *Québec underground*, II, p. 263..

du mois d'octobre 1968. En effet, sa compréhension de la notion situationniste semble même passer par ce que les journaux écrivent ; du moins elle s'en rapproche étrangement. Rappelons, également, que la presse généraliste connaît très mal l'I.S., et interprète parfois de manière erronée, souvent confuse, ses modes d'action. Si le journal étudiant *Le Scopitone* assimilait toute l'I.S. à un groupe d'étudiants, Yves Leclerc, journaliste à *La Presse*, les affuble du terme d'"illuminés". C'est pourtant dans le même article, paru dans le quotidien montréalais le 19 octobre 1968, que l'U.L.A.Q. semble prendre sa définition de la "situation". Voici d'abord ce qu'écrit Leclerc, qui tente de présenter l'I.S. à son lectorat :

> La tactique des Situationnistes est extrêmement simple : "Faire du trouble !" [...] Leur thèse de base est la suivante : susciter un mécontentement grandissant sur des points précis, concrets, d'intérêt immédiat pour le milieu étudiant. Créer ainsi progressivement des "situations" ou crises extrêmes, par une attitude absolument intransigeante : pas de concessions, pas de dialogue, pas de négociation. Ainsi, croient-ils, la société sera obligée de réagir, donc de se transformer.[43]

Passons rapidement sur le fait que Leclerc associe fautivement, lui aussi, les préoccupations principales de l'I.S. au milieu étudiant. Ce qui nous intéresse dans ce passage est plutôt son interprétation fantaisiste de la "situation", qui n'a en somme rien à voir avec l'usage situationniste de ce concept. Jamais, dans aucune des publications du groupe, on n'assimile cette notion à celle d'une "crise" poussée à son paroxysme. La "situation", comme on l'a vu, relève d'une action concrète et volontaire qui mène à la création de moments passionnants dans l'existence. En somme, il s'agit d'une révolution de la vie quotidienne, qui s'intéresse plus aux ambiances et aux comportements entre personnes qu'à une attaque frontale contre les superstructures. Pour cela, l'I.S. développe, on le verra, d'autres tactiques.

Il peut donc sembler surprenant que la compréhension du journaliste de *La Presse* se retrouve, une dizaine de jours plus tard, le 28 octobre, dans la conclusion d'un tract des occupants de l'École des beaux-arts :

> Créateurs de tous les milieux, unissons-nous !
> Publié par le Comité : ART et CONTESTATION. Ce comité n'a pas de rapport à remettre, il n'a qu'un seul mot d'ordre :
> PROVOQUER UNE SITUATION JUSQU'À ÉCLATEMENT.[44]

---

43 Yves Leclerc, "Le Pouvoir étudiant. La contestation permanente", *La Presse* (19 octobre 1968).
44 "Télégramme au ministère [sic] de l'éducation : M. Cardinal", tract (28 octobre 1968), reproduit dans *Québec underground*, II, p. 133.

Cette dernière phrase laisse croire que la pensée de l'U.L.A.Q. a pu être "contaminée" par l'interprétation journalistique d'un groupe duquel elle se revendique pourtant, mais dont elle a apparemment de la difficulté à saisir la complexité du propos. La "provocation" réapparaît ici sous la plume des occupants, qui affirment vouloir faire éclater une "situation". Cela n'a pas grand-chose à voir avec le concept situationniste. Sans doute cette mauvaise compréhension est-elle due en partie au fait que les textes situationnistes sont parfois hermétiques et reçus, au Québec, selon un horizon d'attente qui en modifie l'interprétation. L'article de *La Presse* a peut-être offert un appui aux membres de l'U.L.A.Q., en leur suggérant une clé de lecture.

Il est tout à fait compréhensible que, pris dans l'intensité du moment, l'U.L.A.Q. n'ait pas pu déceler toutes les références cryptées et l'héritage détourné par l'I.S. dans ses textes, et ait compris très approximativement la pensée situationniste. Malgré cela, la compréhension, même partielle, de la "situation" et de la critique de la vie quotidienne a un effet bénéfique sur les occupants des Beaux-Arts de Montréal. En effet, l'usage de ces deux notions remet sur le devant de la scène celle de *praxis*. Pour mener une révolution dans le quotidien, les occupants n'ont absolument pas besoin de l'État. Cela conduit à un retrait d'une frange importante de l'U.L.A.Q. des négociations gouvernementales. Il s'agit, pour les plus radicaux, de refuser tout dialogue, et de prôner une action et une démocratie directes afin de se réapproprier l'École, pour en faire un lieu propre à la construction de situations. On se méfie ainsi des syndicats étudiants, trop conciliants, et surtout de l'inaction et de la sclérose qui guettent le mouvement :

> Se défier de la passivité, du silence, de l'absentéisme du système actuel (establishment), ce sont des techniques de répression très efficaces en guerre psychologique.
> Le système nous provoque, à nous de lui répondre avec l'énergie et la force de notre conviction la plus profonde. [...]
> POUR UNE RÉ-INVENTION QUOTIDIENNE DE LA VIE.[45]

La révolution de la vie quotidienne s'inscrit donc dans cette volonté de reprendre le contrôle sur sa propre existence, de chasser la passivité au profit de l'action. Dans cette optique, comme chez les situationnistes, les occupants des Beaux-Arts lui associeront une autre notion : celle d'autogestion ou de mise en place de conseils de travailleurs.

---

45 "Université d'art quotidien", texte de l'U.L.A.Q. reproduit dans *Québec underground*, II, p. 268.

"Autogestion : criez, créez ou crevez !"[46]

L'I.S. développe sa pensée sur la formation de conseils ouvriers dès la première moitié des années 1960, avec l'arrivée en son sein de figures plus près de la philosophie politique marxiste, comme Raoul Vaneigem, Attila Kotányi ou encore Mustapha Khayati.[47] Les situationnistes se positionnent ainsi dans la continuation d'une lignée communiste dissidente, près de la pensée d'Anton Pannekoek,[48] qui s'éloigne du Parti et s'inspire de l'organisation en "soviets", c'est-à-dire en conseils de travailleurs, qui mènent leurs usines eux-mêmes par le biais de l'autogestion. Cette forme d'organisation sociale s'oppose à la représentativité supposée d'un parti ou d'un syndicat, et repose d'abord et avant tout sur l'implication de chacune des personnes de la communauté. L'I.S., en prônant ce mode d'organisation,[49] se positionne donc tout à fait à rebours de ses contemporains marxistes-léninistes, qui croient essentiellement en la toute-puissance de l'avant-garde révolutionnaire représentée par le Parti, qui doit précéder et guider les masses vers la révolution. Le communisme, pour les situationnistes, se vit par l'action, au quotidien, et non par le biais d'instances représentatives. Dans cette optique, le conseillisme leur paraît le meilleur moyen de parvenir à l'émancipation totale de l'humain :

> Cette "mission historique d'instaurer la vérité dans le monde", ni l'individu isolé ni la foule atomisée soumise aux manipulations ne peuvent l'accomplir, mais encore et toujours la classe qui est capable d'être la dissolution de toutes les classes [*i.e.* le prolétariat] en ramenant le pouvoir à la forme désaliénante de la démocratie réalisée, le Conseil dans lequel la théorie pratique se contrôle elle-même et voit son action.[50]

Pendant le mouvement des occupations d'octobre 1968, au Québec, le mot d'ordre d'autogestion revient à plusieurs reprises, et pas seulement à l'École des beaux-arts. C'est toutefois cette dernière qui le revendique le plus fermement, et s'y tient le plus longtemps. Il s'agit d'une des forces de l'U.L.A.Q., ou à tout le moins ce qui lui permet de tenir bon jusqu'au 7 novembre : elle cherche non pas à obtenir des concessions partielles du gouvernement, mais plutôt à s'approprier le fonctionnement intégral de l'École :

---

46 Robillard, *Québec underground*, II, p. 262.
47 Notons que Khayati rédige, probablement à lui seul, *De la misère en milieu étudiant*.
48 Anton Pannekoek, *Les Conseils ouvriers* (Paris : Spartacus, 1982 [1946]).
49 Voir notamment René Riesel, "Préliminaires sur les conseils et l'organisation conseilliste", *Internationale situationniste*, 12 (septembre 1969), pp. 64–73.
50 Debord, *La Société du spectacle*, p. 209.

> L'autogestion, pour les occupants de l'École des Beaux-Arts, ça veut dire l'autonomie complète tant sur le plan administratif que pédagogique. Ça veut dire que les étudiants peuvent se passer de toute administration extérieure à l'école. Ça veut dire que l'École va s'autofinancer elle-même se passant ainsi des subventions gouvernementales. [sic][51]

L'autogestion d'un établissement d'enseignement supérieur, toutefois, ne rejoint pas encore la vision de l'I.S. quant à la création de conseils ouvriers. Le groupe, dans le cadre de Mai 68, a créé le C.M.D.O. avec pour mot d'ordre "Occupation des usines. Conseils ouvriers"[52] ; les revendications étudiantes lui importent assez peu, il cherche surtout à élargir la révolte au prolétariat. Les occupants de l'École des beaux-arts, souhaitant apparemment suivre cette voie, vont procéder à une pirouette définitionnelle pour en arriver à appeler, eux aussi, à la formation de conseils :

> L'autogestion chasse les mouches du savoir, nous permet d'utiliser ce savoir, de le faire nôtre et d'en faire ce que nous sommes. Peut-être sera-t-il moins lisse ? Moins beau ! C'est normal il sera la vie, dans la vie, uniquement pour vivre. Qu'avons-nous gagné après tant d'années de contemplation esthétique du savoir que nous ne savons pas tous ? [...] Les chiens de garde n'ont pas bougé, ils sont toujours enchaînés à leur chaire. L'Autorité Doctorale récupère la contestation issue de la base. Elle institue un dialogue à la fois négatif de sa propre pratique quotidienne – réactionnaire – et réducteur de la pratique contestatrice révolutionnaire.
> À bas la participation, la parité donc la cogestion, le réformisme et la rénovation.
>
> L'étudiant dans le procès de travail est un travailleur !
> Pour les conseils de travailleurs !
> Pour l'Autogestion ![53]

Par ces simples mots, "l'étudiant dans le procès de travail est un travailleur", les occupants fondent leur condition dans celle des ouvriers. La *praxis*, sur laquelle on insiste encore une fois ici, doit avoir pour but la mise en place de conseils *ouvriers*, et non pas étudiants. L'U.L.A.Q. cherche ainsi à se doter d'un nouveau statut, à dépasser le stade de l'étudiant aliéné, et à appartenir à une classe qui lui semble plus proprement révolutionnaire. Il est toutefois ironique de noter que, ce faisant, les occupants ne font que reprendre, en la poussant à sa limite, une vieille idée issue de la "Charte de Grenoble" à la base du syndicalisme étudiant

---

51 "L'art et les artistes", reproduit dans *Québec underground*, II, p. 122.
52 Voir la photographie de la banderole affichant ce mot d'ordre à une fenêtre de la Sorbonne occupée, "Le commencement d'une époque", *Internationale situationniste*, 12 (septembre 1969), p. 5.
53 "Autogestion !", tract de l'U.L.A.Q., reproduit dans *Québec underground*, II, p. 292.

moderne – c'est-à-dire réformiste –, qui statue en 1947 que l'étudiant est un "jeune travailleur intellectuel".[54] Se concentrant sur le seul mot "travailleur", l'U.L.A.Q. fait pourtant basculer le rôle de l'étudiant du côté du prolétariat ; il atteint un rôle actif, et devient en quelque sorte producteur. Ce pas franchi lui permet, ensuite, d'entrer dans la logique de la saisie des moyens de production, dans ce cas-ci moyen de production intellectuel : l'université. L'autogestion de celle-ci apparaît donc, pour les occupants de l'École des beaux-arts, comme analogue à l'occupation des usines, et peut suivre le même idéal conseilliste.

Là où cette application originale de la notion du conseil ouvrier atteint ses limites, dans le cas de l'U.L.A.Q., c'est dans l'optique de l'élargissement de la contestation à des sphères autres que celle de l'enseignement supérieur. Les étudiants sont des travailleurs, affirme-t-elle. Soit. Toutefois, le risque d'une telle affirmation est de laisser de côté les préoccupations des autres travailleurs, de prendre, en somme, les problèmes concernant l'autogestion de l'École pour ceux des travailleurs en général. C'est par ailleurs, semble-t-il, ce qui a fait l'échec des occupations d'octobre, tout comme la difficulté à arrimer les grèves étudiante et ouvrière a miné, à terme, le mouvement de Mai 68 en France. En faisant *de facto* des étudiants des prolétaires, les occupants des Beaux-Arts en viennent à oublier d'inclure les revendications du front ouvrier à leur lutte. Ils prêtent alors le flanc à des critiques du mouvement ouvrier, qui ne voit pas nécessairement d'un bon œil une contestation qui les laisse de côté :

> Étudiants d'aujourd'hui, bourgeois et exploiteurs de demain, est-ce là votre devise ? demandent les jeunes ouvriers.
> Selon eux, "la véritable contestation globale" commencera le jour où les étudiants contesteront leurs parents exploiteurs. En attendant ce jour, les jeunes ouvriers de St-Henri refusent de payer pour créer une université "où nous n'aurons aucun droit d'aller, sauf comme gardiens, laveurs de vaisselle, manœuvres, laveurs de planchers".[55]

Malgré les appels à l'autogestion, à la mise en place de conseils de travailleurs, l'U.L.A.Q. ne parvient pas à rallier à sa cause les ouvriers, qui considèrent encore les étudiants comme l'élite de demain, donc comme une classe séparée de la leur. Il faut dire que, comme c'est le cas de la critique de la vie quotidienne, le mimétisme des thèses situationnistes est encore trop important, chez les occupants, pour que ces vœux d'autogestion apparaissent comme autre chose qu'un vague hommage. Leur critique se veut totalisante, mais reste partielle.

---

54 Voir à ce sujet Jean-Philippe Warren, *Une douce anarchie. Les années 68 au Québec*, p. 37.
55 "Jugeons à leur valeur les revendications étudiantes", *Le Devoir* (lundi 21 octobre 1968), p. 3.

Sans doute leur manque-t-il une distance critique pour arriver à une véritable application pratique des concepts de l'I.S. Qui plus est, si les situationnistes eux-mêmes ont échoué à rallier les ouvriers au mouvement de Mai, il n'est pas surprenant que l'U.L.A.Q. n'y soit pas non plus arrivée.

"Ceux qui font des révolutions à moitié"[56]

L'occupation de l'École des beaux-arts de Montréal est, notamment par sa proximité avec la critique situationniste, la frange la plus radicale de la contestation étudiante de l'automne 1968. Les occupants remettent non seulement en question le rôle même de l'art au XXe siècle, mais ils s'attaquent également à la passivité habituelle des étudiants en proposant de mener une révolution du quotidien et en prônant l'autogestion de leur institution. Malgré tout, les limites de cette "République des beaux-arts"[57] autoproclamée sont rapidement visibles à quiconque porte attention aux textes qu'elle a produits – et aux actions qu'elle a ou non posées. Plusieurs raisons peuvent expliquer cette insuffisance à la fois pratique et théorique de l'U.L.A.Q.

Tout d'abord, bon nombre d'occupants tentent de conjuguer des théories difficilement compatibles aux idées de l'I.S. C'est le cas par exemple de Ronald Richard, qui, encore en 1998, lorsqu'interrogé dans le film de Laflamme, lit un extrait du *Petit Livre rouge* et reconnaît l'influence, sur sa pensée, du maoïsme[58] – que les situationnistes ont toujours répudié avec véhémence.[59] Zébulon Dostie, pour sa part, autre figure importante de l'occupation, se trouve plus du côté de la contre-culture "hippie" états-unienne que de celui de l'I.S.[60] Enfin, puisque la contestation a lieu au Québec, dans les années 1960, il est inévitable que le néo-nationalisme vienne se mêler au fond situationniste qui anime l'U.L.A.Q. Jean-François Brossin, président de l'association étudiante, est par exemple lié au Front de libération du Québec, qui finance, selon Brossin lui-même et Anithe de Carvalho, l'occupation des Beaux-Arts.[61] Ce mélange

---

56 Saint-Just, "Rapport sur les suspects incarcérés" [8 Ventôse an II], Id., *Œuvres choisies* (Paris : Gallimard, 1968), p. 201.

57 Pierre Godin, "Les étudiants installent la 'république' à l'École des Beaux-Arts", *La Presse* (samedi 19 octobre 1968), p. 10.

58 Laflamme, *La République des beaux-arts. La malédiction de la momie*, 9:52–10:30.

59 "Le point d'explosion de l'idéologie en Chine", *Internationale situationniste*, 11 (octobre 1967), p. 3–12.

60 Laflamme, 36:12–36:40.

61 Anithe de Carvalho, *Les Œuvres participatives de l'*underground *au Québec (1967– 1977)*, thèse de doctorat (Montréal : Université du Québec, 2012), p. 239. Nous nous référons à la thèse plutôt qu'au livre qui en a été tiré puisque l'auteure y traite plus longuement de l'U.L.A.Q. et de l'occupation de l'École des beaux-arts.

improbable fait en sorte que la radicalité de la pensée situationniste se dilue, et qu'il ne reste, en somme, que ses aspects les plus "spectaculaires". Peut-être les membres de l'U.L.A.Q. ont-ils pris dans un sens trop réducteur la notice qui ouvre chacun des numéros de la revue de l'I.S. : "tous les textes publiés dans 'Internationale situationniste' peuvent être librement reproduits, traduits ou adaptés, même sans indication d'origine." Peut-être n'auraient-ils pas dû s'arrêter au mot "reproduits".

Cette imitation par trop admirative trouve aussi son explication dans la critique somme toute partielle que mène, malgré ses textes enragés, le mouvement d'occupation. En effet, une part des occupants est en vérité ouverte à la cogestion et au rapport Rioux, qui prévoit seulement une réforme de l'enseignement des arts au Québec.[62] La contestation demeure aussi, en dépit des apparences, essentiellement étudiante, et en parallèle des négociations ont lieu entre l'École occupée et des représentants du gouvernement. Même si Ronald Richard, l'un des négociateurs, avoue un an plus tard regretter ce qu'il voit *a posteriori* comme une compromission,[63] il reste que ce genre d'ouverture n'est pas cohérente avec les positions défendues par l'U.L.A.Q. dans ses tracts. Ce qui a manqué à cette dernière, c'est sans doute justement cette *praxis* dont elle a tenté de se rapprocher en prônant l'art quotidien et l'autogestion. Ceux-ci ne sont souvent restés que vœux pieux, que théories dépourvues de pratique. Cet écart entre action et parole est ce que déplore Guy Debord au moment de dissoudre l'I.S., en 1972. À propos des partisans complaisants des situationnistes, qu'il nomme "pro-situs", il écrit :

> Les pro-situs sont à la mode, dans un moment où n'importe qui se déclare partisan de créer des situations sans retour, et où le programme d'un risible parti "socialiste" occidental se propose gaillardement de "changer la vie". Le pro-situ, il ne craindra jamais de le dire, vit des passions, dialogue avec transparence, refait radicalement la fête et l'amour, de la même manière que le cadre trouve chez l'éleveur le petit vin qu'il mettra lui-même en bouteilles, ou fait escale à Katmandou.[64]

---

62 Rendu public en août 1966, le *Rapport intérimaire de la Commission d'enquête sur l'enseignement des arts* est communément appelé le rapport Rioux, du nom de son commissaire principal, Marcel Rioux. Les autres membres sont Andrée Paradis, Réal Gauthier, Fernand Ouellette, Jean Ouellet et Martin Krempan. Le rapport intégral se trouve dans les papiers d'Yves Robillard, à l'U.Q.A.M., "Contestation étudiante à l'École des Beaux-arts 1966–1970", 146P-660:01/2.

63 Robert Myre, reproduit dans Robillard, *Québec underground*, II, p. 166.

64 Guy Debord et Gianfranco Sanguinetti, "La véritable scission dans l'Internationale", Debord, *Œuvres*, p. 1120.

Ce jugement, quoique sévère, s'applique sans doute aux occupants des Beaux-Arts de Montréal, qui n'auront pas réussi à franchir le stade de l'imitation, et qui ont plus cherché à produire l'image de la révolution qu'à la faire advenir véritablement.

Ces limites importantes ne doivent toutefois pas faire oublier que l'U.L.A.Q. et les occupants de l'École sont allés beaucoup plus loin que tous les autres groupes qui ont participé aux troubles d'octobre 1968. Même en comprenant mal les situationnistes, et en appliquant approximativement et sans distance certains de leurs concepts, ils ont réussi un temps là où a échoué le gros du mouvement. Peut-être est-ce là le signe de la faiblesse générale des autres occupations dans les Cégeps et les universités. Nous y voyons aussi la force de la critique situationniste qui, même diluée, réussit à pousser plus loin la contestation. Le cas de l'U.L.A.Q. rappelle cependant, si cela était encore nécessaire, qu'il ne s'agit pas d'adhérer aveuglément à l'I.S. ou à tout autre mouvement révolutionnaire, mais de les *dépasser*.

Alex Demeulenaere (Universität Trier)

Mai 1968 – Octobre 1970.
LES RÉÉCRITURES LITTÉRAIRES DE MOMENTS DE RUPTURE

1 Introduction

Les événements de Mai 68, dont le 50ᵉ anniversaire a été commémoré l'année dernière, constituent un point de départ intéressant pour creuser le lien entre la fiction romanesque et l'historiographie. Non seulement les historiens discutent toujours pour déterminer la valeur historique des événements révolutionnaires qui ont eu lieu au tournant des années 1960 et 1970,[1] mais ceux-ci sont également au cœur d'œuvres littéraires contemporaines comme *La Constellation du Lynx* (2010) de Louis Hamelin[2] et *Camarades de classe* (2008) de Didier Daeninckx.[3] Avant de passer à l'analyse de ces deux textes qui relient l'archive historique de l'époque 1968–1970 à l'écriture fictionnelle, nous présenterons la façon dont Michel de Certeau et Carlo Ginzburg ont pensé le lien complexe qui unit ou oppose l'écriture fictionnelle et l'historiographie.

A priori, on n'attend pas du philosophe et historien français Michel de Certeau, jésuite assez discret, qu'il ait joué un grand rôle dans les événements de Mai 68. Néanmoins, il a analysé la portée des événements dans la revue *Études*, et est à l'origine de la célèbre phrase : "on a pris la parole comme on a pris la bastille en 1789".[4] L'irruption de l'histoire dans le quotidien a fait réfléchir Certeau sur le lien entre science, historiographie et fiction. Si tout semble opposer les deux types de discours, il développe l'idée que des crises comme celle de Mai 68 sont des déchirures temporelles qui doivent être raccommodées par des discours. Et sur ce point, les procédés de l'historiographie et de la fiction ne sont

---

1 Voir à ce sujet Jean-Pierre Le Goff, *Mai 68, l'héritage impossible* (Paris : La Découverte, 2015) et Régis Debray, *Mai 68, une contre-révolution réussie : modeste contribution aux discours et cérémonies officielles du dixième anniversaire* (Paris : Mille et Une Nuits, 2008). La mémoire apparaît ainsi comme un enjeu essentiel de récits récents sur mai 68 : Kristin Ross, *Mai 68 et ses vies ultérieures* (Marseille : Agone ; Le Monde diplomatique, 2010).

2 Louis Hamelin, *La Constellation du Lynx* (Montréal : Boréal, 2012).

3 Daeninckx, *Camarades de classe* (Paris : Gallimard, 2013).

4 Michel de Certeau, "Pour une nouvelle culture : prendre la parole", *Études*, (juin–juillet 1968), p. 29–42.

finalement pas tellement éloignés. Certeau déconstruit dès lors la construction du réel opéré par l'historiographie.[5]

Carlo Ginzburg a fait une démarche similaire en scrutant comment l'historiographie mémorielle s'appuie sur les structures de la fiction.[6] En effet, l'efficacité rhétorique de la démonstration serait, à ses yeux, aussi bien disponible pour la fiction que pour l'historiographie, la première pouvant toujours mimer les approches testimoniales de la seconde. Ginzburg a également argumenté que la structure narrative du roman policier reflète un paradigme plus profond qui est caractéristique de la pensée occidentale moderne. Sa théorie se fonde sur l'importance structurelle du décryptage et de l'herméneutique. Ginzburg accentue l'importance de détails apparemment marginaux pour saisir le sens global d'une réalité historique qui peut sembler hermétique. Il relie ainsi historiographie et écriture fictionnelle, les deux partageant ce même paradigme policier. Ces quelques réflexions théoriques indiquant d'emblée la relation tendue mais indéniable entre l'historiographie et la fiction, nous pouvons regarder de plus près comment les fictions d'Hamelin et de Daeninckx mettent en discours le passé historique de la fin des années 1960.

2 La Constellation du Lynx

Dans le contexte de la culture de contestation de la fin des années 1960, le Québec a lui aussi connu des moments historiques ambigus, dont la place dans la mémoire culturelle et individuelle continue à être l'objet de débats parfois passionnés. Il en est ainsi de la fameuse crise d'octobre 1970, quand des éléments du groupement indépendantiste FLQ ponctuent une décennie d'actes terroristes avec deux enlèvements spectaculaires et malheureusement meurtriers, ce qui mènera à la proclamation de l'état de guerre à Montréal.[7] Bien que les événements se situent cinquante ans derrière nous et qu'il n'y ait plus de terrorisme indépendantiste au Québec, les événements de cette époque suscitent toujours l'intérêt des chercheurs,[8] des romanciers et du public, comme en témoigne le

---

5 L'analyse de Certeau a été reprise et approfondie dans Régine Robin, "L'Histoire saisie, dessaisie par la littérature ?", *Espaces-Temps*, 59–61 (1995), pp. 56–65.

6 Il s'agit surtout de Carlo Ginzburg, *Le Fromage et les vers* (Paris : Flammarion, 1980) et de Carlo Ginzburg, *Mythes, emblèmes, traces* (Paris : Verdier, 1989).

7 Voir à ce sujet Isabelle Pelletier, *Le Terrorisme au Canada : l'exemple de la Crise d'octobre 1970* (Montréal : Service des archives, Université de Montréal, Section Microfilm, 2004).

8 Nous pensons entre autres à Laurent Potvin, *Quarante ans après la crise d'Octobre 1970* (Chicoutimi : J.-M. Tremblay, 2010).

succès qu'a connu *La Constellation du Lynx* de Louis Hamelin, œuvre fictionnelle ou plutôt mi-fictionnelle parue en 2010, qui revient de façon inédite sur les événements. Avant de développer la spécificité de cet effort mémoriel et littéraire de l'histoire, ce qui sera le fil directeur de cette contribution, j'aimerais d'abord brièvement vous présenter les événements d'octobre 1970, qui sont probablement peu ou mal connus pour une audience contemporaine.

2.1 Les événements d'octobre 1970

Le lundi 5 octobre 1970, la cellule Libération enlève James Richard Cross, attaché commercial de la Grande-Bretagne, à son domicile de Montréal. Dans un communiqué, le FLQ laisse 48 heures au gouvernement pour répondre à ses exigences, qui comprennent entre autres la libération de prisonniers politiques, membres du FLQ, mentionnés dans le communiqué ; 500 000 $ en lingots d'or ; un avion pour amener les ravisseurs à Cuba ou en Algérie ; la publication dans les journaux et la lecture à la radio et à la télé du *Manifeste du FLQ*. Cela sera fait sur les ondes de Radio-Canada quelques jours plus tard. Mais le 10 octobre, c'est au tour du ministre québécois du Travail et de l'Immigration, Pierre Laporte, d'être enlevé à son domicile par la cellule Chénier, un autre sous-groupe du FLQ. Laporte sera transporté à Saint-Hubert, où il sera tenu en otage. À la suite de ce deuxième enlèvement, le gouvernement du Québec décide de requérir l'armée et 8500 soldats sécurisent rapidement les lieux stratégiques de la province. Cela n'empêche toutefois pas environ 3000 personnes, parmi lesquelles Pierre Vallières, auteur de *Nègres blancs d'Amérique*,[9] de se rassembler au Centre Paul-Sauvé et de scander "FLQ" en soutien au mouvement indépendantiste. Le 16 octobre, le gouvernement fédéral proclame la *Loi sur les mesures de guerre*, suspendant par conséquent la *Déclaration canadienne des droits* et ouvrant la voie à une vague d'arrestations. À la suite de cette intervention musclée de l'armée, le FLQ réagit en diffusant un communiqué inquiétant :

> Face à l'arrogance du gouvernement fédéral et à son valet Bourassa, face à leur mauvaise foi, le FLQ a donc décidé de passer aux actes. Pierre Laporte, ministre du chômage et de l'assimilation, a été exécuté à 6 h18 ce soir par la cellule Dieppe (Royal 22ᵉ). Vous trouverez le corps dans le coffre d'une Chevrolet verte (n° 9J 2420) à la base de Saint-Hubert. Deuxième entrée. Nous vaincrons.

Le 17 octobre, la police trouve la voiture à l'endroit indiqué avec à son bord le corps asphyxié de Pierre Laporte. La crainte que Richard Cross, l'autre otage, ne

---

9   Pierre Vallières, *Nègres blancs d'amérique* (Montréal : Parti Pris, 1967).

subisse le même sort s'accroît, mais un mois d'enquête permettra à la police de découvrir la maison à Montréal-Nord dans laquelle James Cross est séquestré. La maison est mise sous surveillance. Le 3 décembre, les négociations aboutissent et Cross sera libéré alors que les ravisseurs (Louise et Jacques Lanctôt, Jacques Cossette Trudel et Raymond Villeneuve) reçoivent un sauf-conduit pour rejoindre Cuba. Ils y resteront plusieurs années, mais rentreront au Québec entre 1978 et 1984. Paul et Jacques Rose, Francis Simard et Bernard Lortie, les ravisseurs de Pierre Laporte, seront arrêtés un mois après l'assassinat, passeront devant la justice, et seront condamnés à de longues peines de prison. Après les enlèvements d'octobre 1970, les actes terroristes pour l'indépendance québécoise cessent.[10]

Lorsque Louis Hamelin publie *La Constellation du Lynx* en 2010, il revient sur ces événements dramatiques qui ont marqué l'apogée de l'épisode terroriste de l'indépendantisme québécois. Il entend, entre autres, critiquer le discours officiel qui a été développé et adopté au fil des années. Cette version officielle des événements de l'automne 1970 repose sur deux thèses : d'une part, les hommes du FLQ auraient agi seuls, sans lien avec la population ni avec des formations politiques ou étatiques extérieures, ce qui confère à leurs actes une dimension romantique pour les uns, insignifiante et folle pour les autres. D'autre part, c'est le gouvernement québécois qui aurait demandé l'intervention de l'armée fédérale.[11] Or, ces deux thèses semblent trop univoques pour Louis Hamelin, qui essaie donc de les déconstruire, ou au moins, de les mettre en question :

> Par la fiction, mon livre critique l'interprétation d'Octobre 1970 comme des événements héroïques, et souligne la naïveté politique sidérante dont elle témoigne. Je me suis employé à détruire le mythe de l'impréparation de la police et de l'armée, de l'improvisation du pouvoir politique dans la manière de dénouer la crise[12].

Ce qui est intéressant pour notre propos, c'est que Hamelin ne développe pas sa thèse sur la scène de l'historiographie ou du journalisme mais bien au sein d'une œuvre fictionnelle. Aux dires d'Hamelin, le roman est même l'outil idéal puisqu'il permet de raconter cette histoire au-delà de "l'anecdotisme" lourd de l'écriture journalistique/historique :

---

10 Les événements sont détaillés dans Pelletier, *Le Terrorisme au Canada*.
11 La version officielle des événements d'octobre 1970 est analysée dans Alice Parizeau, *L'Armée et la crise d'octobre* (Chicoutimi : J.-M. Tremblay, 2010).
12 Louis Hamelin, cité dans Michel Lapierre, "Louis Hamelin et les étoiles d'Octobre", *Le Devoir* (25 Septembre 2010).

Après coup, je comprends que la crise d'octobre 1970, dont nous nous souvenons cet automne, 40 ans plus tard, a tellement traumatisé notre conscience collective que seule la lunette de la fiction peut nous en faire découvrir la vérité cachée, l'essence qu'obscurciraient toute exactitude anecdotique, tout sensationnalisme lié à des noms véritables[13].

Dans ce qui suit, nous allons creuser les mécanismes narratifs qui permettent à *La Constellation du Lynx* de proposer un discours nouveau sur les événements de l'automne 1970. Concrètement, nous allons nous pencher sur trois aspects importants du livre : la création du *continuum* entre la réalité et la fiction, la mise en place d'un palimpseste temporel dans lequel histoire et mémoire se croisent, et une polyphonie narrative qui complexifie toute narration simple et univoque de cette histoire.

2.2 Le *continuum* réalité/fiction

Quiconque pense trouver dans *La Constellation du Lynx* un roman purement fictif d'une part ou un récit documentaire historique d'autre part sera vite détrompé. Le roman fonctionne à partir d'un mélange réussi d'éléments réels, semi-fictionnels et fictionnels, qui n'augmentent pas seulement la lisibilité et la qualité esthétique du récit mais jouent un rôle essentiel dans la spécificité mémorielle du discours littéraire.

Les référents réels dans le récit sont bien évidents ; celui-ci commence ainsi par un aperçu chronologique des événements de l'automne 1970 qui correspond exactement aux faits historiques. Les événements narrés dans le récit sont aussi exactement ceux qui ont eu lieu alors : enlèvement d'un diplomate et d'un ministre de l'intérieur, avec l'issue malheureuse qu'on connaisse. Les péripéties, la distribution des personnages principaux, la succession et le rythme des événements sont respectés scrupuleusement, ce qui suscite un effet immédiat de reconnaissance chez le lecteur. Le cadre de l'action est d'ailleurs clairement le Québec de 1970, en particulier la ville de Montréal et les quartiers où les événements ont eu lieu. Quant aux personnages, la plupart ont été légèrement modifiés, comme nous le verrons, mais il est frappant que le seul personnage historique apparaissant sous son nom propre soit le Premier ministre du Canada de l'époque, Pierre Elliot Trudeau. Même s'il ne joue pas de rôle prépondérant dans les différentes scènes du roman, il est plusieurs fois nommé et plane comme une sorte de fantôme sur l'action. C'est justement par rapport au rôle de Pierre Elliot Trudeau et de son gouvernement que le roman est le plus

---

13 Louis Hamelin, cité *Ibid.*

critique, comme si Hamelin avait voulu laisser un certain degré d'arbitraire pour les autres personnages (ce à quoi le palimpseste temporel et la polyphonie narrative contribueront largement), mais en refusant cette ambivalence de la fiction au plus haut responsable politique de l'époque, comme s'il était, lui, un acteur décisif. D'où la possibilité d'interpréter le roman comme une critique historique.

Comme mentionné précédemment, la plupart des personnages historiques ont été légèrement modifiés. Ils reçoivent de nouveaux noms, à commencer par les deux otages : le ministre Pierre Laporte devient Paul Lavoie, alors que le diplomate britannique James Cross est nommé John Travers dans le roman. Les noms des terroristes sont également modifiés tout en restant identifiables. Paul et Jacques Rose, Francis Simard et Bernard Lortie, les ravisseurs de Pierre Laporte, deviennent ainsi respectivement Jean-Paul et René Lafleur, Richard Godefroid et Benoit Desrosiers dans le roman, alors que Jacques Lanctôt, un des ravisseurs de Richard Cross, est renommé Lancelot et leur comparse anglais Nigel Hammer devient Nick Mansell. Le dernier exemple notable est celui du Premier ministre du Québec de l'époque, Robert Bourassa, qui apparaît sous le nom d'Albert Vezina dans plusieurs scènes du roman.

On aura remarqué que pour la plupart de ces noms, les changements ne sont que de simples jeux de mots, dont la transparence immédiate a pour conséquence que ces noms fonctionnent comme des effets de réel, pour reprendre la célèbre notion développée par Roland Barthes.[14] En fait, la fonction précise de ces effets de réel est assez ambivalente : d'une part, ils installent les personnages dans une réalité autonome, mais d'autre part, ils rattachent clairement la quasi-totalité des personnages du roman à un épisode historique précis et connu de l'histoire du Québec. Tout lecteur qui connaît quelque peu les événements historiques ne saurait se tromper quant aux personnages réels qui se cachent derrière ces noms à peine modifiés. Pourtant, même si les changements ne sont que minimes, ils font basculer le roman dans la fiction, ce qui ouvre l'espace pour cette narration différente de l'histoire que Hamelin recherche. En effet, sa mise en cause des thèses officielles n'est pas directe, ni étayée par des preuves, en d'autres mots, ce n'est pas un dossier concluant du point de vue juridique ou journalistique que veut nous présenter Hamelin, mais seulement une présentation différente et possible des événements de 1970.

Celle-ci fait intervenir un autre type de personnages, qui porte le sens historique profond et renouvelé du livre : au-delà des événements et des personnages

---

14   Roland Barthes, "L'effet de réel", *Communications*, 11 (1968), pp. 84–89.

réels et semi-fictionnels, apparaît dès lors une couche d'événements et de personnages entièrement fictionnels. Nous aimerions en développer trois. Le premier est Coco Cardinal, personnage grossier, indépendantiste Québécois, qui joue un rôle ambigu dès le début du roman et est essentiel pour un des développements interprétatifs centraux, à savoir que les cellules indépendantistes étaient dès le début manipulées par des services secrets étrangers d'une part et le gouvernement fédéral d'autre part, pour qui des actes terroristes d'une telle ampleur étaient les détonateurs nécessaires pour déclencher une réaction de grande ampleur contre l'indépendantisme québécois. En plaçant des personnages fictionnels comme Cardinal au milieu des personnages reconnaissables que nous avons présentés plus haut, Hamelin ne rend pas sa thèse plus ou moins vraie, mais il la rend vraisemblable, pour reprendre un terme clé de l'analyse du roman.[15] Les personnages fictifs, en effet, ne sont pas des faits, mais ils en expliquent la dynamique, et en assurent la logique décisionnelle :

> Au printemps de 70, Cardinal était devenu une sorte de coach pour l'organisation que Jean-Paul et ses amis travaillaient à mettre sur pied. Il était l'homme tout désigné pour vous dénicher un revolver d'occasion. C'est lui qui leur montra la manière de scier non seulement le canon, mais aussi la crosse d'un fusil M1 pour le rendre aussi maniable qu'un pistolet. [...] Sous le patronage de Coco, le système de financement frauduleux du réseau Lafleur-Lancelot passa à la vitesse supérieure. [...] Les hold-up n'y suffisaient pas. Coco faisait affaire avec un faussaire de génie qui avait pignon sous le manteau dans l'est de Montréal[16].

Ensuite vient Laurent Chevalier, affublé du surnom de "Chevalier Branlequeue", professeur, écrivain et intellectuel mythique qui sert de point de référence pour une génération de jeunes chercheurs intéressés par les événements de 1970, parmi lesquels figure le personnage principal du roman, Sam Nihilo, un journaliste qui fait des recherches historiques. Chevalier est important surtout à cause de l'impact de son œuvre (fictionnelle) intitulée les *Élucubrations*. La description de cette œuvre fictionnelle ressemble d'ailleurs étrangement à ce que Hamelin veut faire lui-même, d'où un effet de mise en abyme qui brouille davantage encore les frontières, déjà floues dans ce roman, entre le référentiel et le fictionnel. Mais Chevalier incarne surtout la recherche d'un sens épique, collectif, à donner aux événements :

---

15 À partir du XVIIIe siècle, le vraisemblable devient une caractéristique importante de l'écriture romanesque, ce qui se manifeste dans des procédés narratifs spécifiques. Les écritures du vrai, comme le naturalisme, font appel à des stratégies différentes. Voir à ce sujet Yves Le Bozec (éd.), *Le Vrai et le vraisemblable : rhétorique et poétique* (Villeneuve d'Ascq : Revue des Sciences Humaines, 2005).

16 Hamelin, p. 312.

Il avait publié les *Élucubrations* le printemps d'avant. Malgré l'apparente référence à Lamartine, Hugo et Rimbaud, le livre n'était pas un recueil de poèmes, ni un roman, ni un essai, mais tenait à la fois des trois et se présentait sous la forme d'une épopée ironique divisée en chants, à l'image du poème homérique. Il avait brassé la matière historique comme si c'était de la soupe dans une marmite.[17]

Bien qu'on puisse voir dans Laurent Chevalier une représentation fictionnelle de l'écrivain québécois Jacques Ferron, qui a joué un rôle en partie similaire à celui de Chevalier dans le roman, le personnage est, aux dires de Hamelin, en grande partie fictionnel. Tel quel, il incarne et cristallise le grand nombre d'écrivains et d'intellectuels aux sympathies indépendantistes qui ont essayé de trouver leur place pendant les événements de 1970, pris entre la folie terroriste et la répression militaire. Avec ce personnage central, les discours littéraires et intellectuels reprennent une place essentielle, qu'ils n'avaient guère dans la réalité historique de l'époque. À travers le personnage de Laurent Chevalier, ce sont des écrivains plus anciens comme Gaston Miron ou Jacques Ferron qui revivent, et auxquels Hamelin attribue un rôle prépondérant dans la construction d'un imaginaire québécois se nourrissant de faits historiques dramatiques.[18]

Le dernier personnage fictionnel qui nous intéresse est le personnage principal, le journaliste d'investigation Sam Nihilo, qui vit dans la cité imaginaire au nom interpellant de Maldoror. De nouveau, la description de ce personnage n'est pas sans établir des liens avec le réel, puisque son nom est une anagramme de Louis Hamelin et que le personnage est tout comme Hamelin un journaliste/écrivain qui fait des recherches actuelles sur les événements de 1970 et interviewe des témoins à cet effet. Mais contrairement à Hamelin, Sam Nihilo apparaît et joue son rôle au niveau intradiégétique de la narration et c'est en lui que les fils narratifs, qui sont aussi bien réels (les enlèvements) que fictionnels (les manipulations et une histoire d'amour), se rassemblent et donnent au récit sa vraisemblance. Pour fonctionner, le récit a donc besoin de ce personnage fictionnel, lui-même garant d'une lecture romanesque et non pas historique de la narration, occupant donc une position essentielle dans le projet romanesque de Hamelin.

---

17 Hamelin, p. 144.
18 L'engagement politique de Miron a été étudié dans André Brochu, "Poésie et militance", *Études françaises*, 35 (1999), pp. 67–71.

2.3 Une temporalité explosée

Outre le jeu avec les personnages allant du référentiel vers le fictionnel, la construction temporelle du récit montre un autre intérêt particulier de l'écriture romanesque pour le travail mémoriel. En effet, le déroulement temporel du roman n'est ni chronologique ni établi sur une prolepse ou analepse structurelle classique, il est entièrement éclaté. Les différents épisodes, qui vont des années 1950 jusqu'à aujourd'hui, sont présentés sans aucun ordre apparent qui permette d'expliquer la succession des différents plans temporels. La seule téléologie narrative est le dénouement de la crise de 1970 et l'attente d'une épiphanie – à savoir l'explication des motifs et des raisons réelles qui sont à la base des événements de 1970 – ce qui ne vient que partiellement. Mais au-delà d'une telle temporalité dont certains aspects relèvent à la fois du roman policier et du roman postmoderne[19], il est important d'en analyser la double conséquence pour la relation entre le discours mémoriel et l'histoire réelle.

En juxtaposant des événements distants, Hamelin arrive en premier lieu à contextualiser de façon associative le comportement des personnages, sans tomber dans des liens logiques de cause à effet explicites. Le lecteur se voit ainsi proposer des collages temporels, qui permettent d'approfondir, de nuancer et de complexifier les attitudes et les traits de caractère des personnages principaux et, dans un deuxième temps, de montrer à travers eux le changement profond de la société québécoise au fil des décennies. Un exemple parmi d'autres est celui de Coco Cardinal. À travers différents fragments, on obtient une vision complète de sa vie : de son rôle dans la crise d'octobre 1970, de son influence sur les jeunes terroristes, mais aussi de son enfance dans le Montréal des années 1950, les années dites de la grande noirceur :

> Dans Jacques-Cartier, la banlieue ouvrière qui avait poussé au sud du fleuve, [...] les occasions de carrière se divisaient en deux grandes catégories : le banditisme et la police. Avant même d'arriver à l'âge d'homme, Jacques Cardinal avait compris qu'existaient, entre ces deux sphères d'activité, des zones intermédiaires aux frontières pas toujours aussi étanches que d'aucuns feignaient parfois de le croire. L'une d'elles était la politique.[20]

En second lieu, le lien entre la mémoire et l'histoire peut lui aussi être thématisé de façon explicite à l'aide d'une telle temporalité éclatée. L'exemple qui illustre le

---

19 Voir à ce sujet Linda Hutcheon and Aritha van Herk, *The Canadian postmodern: A study of contemporary English-Canadian fiction* (Don Mills : Oxford University Press, 2012).

20 Hamelin, p. 61.

mieux ce procédé est à nouveau celui de Coco Cardinal. D'une part, les passages du roman qui décrivent, comme celui que nous venons de présenter, sa jeunesse, mais aussi la préparation, l'exécution et les suites de l'enlèvement permettent de se former une image assez précise du rôle et du retentissement du personnage. Mais le roman comporte aussi une scène située des décennies plus tard, dans laquelle Sam Nihilo interroge la veuve de Cardinal au sujet du rôle joué par son mari. Cette scène montre à la fois la mémoire individuelle défaillante du personnage et le travail difficile de l'historien, à la recherche constante de pièces de puzzle qui doivent confirmer ou changer la mémoire collective au sujet d'événements historiques essentiels, et ce aussi bien au sein du récit qu'au-delà de celui-ci, à la fois pour le public de Sam Nihilo et pour celui de Louis Hamelin. Dans l'extrait qui suit, le lien difficile entre la mémoire individuelle et collective d'une part et les événements historiques d'autre part apparaît clairement

> – Vous écrivez quoi ? Un livre sur l'affaire Lavoie ?
> – J'essaie.
> – Et… est-ce que je peux demander pourquoi ?
> – J'avais un professeur à l'université. Mort, aujourd'hui. Lui, il voulait comprendre. Il avait fondé… une sorte de club. Mais ce serait un peu long à vous expliquer. Et moi, c'est votre histoire que j'aimerais entendre.
> Trop tard. Ça n'intéresse plus personne.
> S'il n'en reste qu'un, je serai celui-là, comme disait l'autre.
> Vous perdez votre temps.[21]

2.4 La polyphonie narrative

Un dernier procédé qui distingue la fiction d'une historiographie plus traditionnelle concerne la multiplication des voix narratives. À nouveau, il s'agit d'un procédé bien connu dans la littérature postmoderne, et dans ses études sur le roman Bakhtine avait déjà insisté sur la polyphonie narrative comme une caractéristique importante de l'écriture romanesque.[22] Dans le contexte d'un roman qui essaie de reconstruire un épisode historique, une telle polyphonie prend toutefois une signification particulière. Les passages à la première personne sont relayés par d'autres passages à la troisième personne, ce qui produit un effet de décentrement, à la fois pour la focalisation du personnage, et pour la voix du narrateur, supposé omniscient, qui laisse voir au lecteur des points de vue et des vécus multiples.

---

21 Hamelin, p. 33.
22 M. M. Bakhtine, *La Poétique de Dostoïevski* (Paris : Éditions du Seuil, 1970).

À côté de cette polyphonie narrative stricte, le roman témoigne aussi d'une polyphonie documentaire ou médiale, dans la mesure où l'écriture romanesque traditionnelle est relayée par des documents prosaïques, tels que des notes de restaurant, des extraits de rapports, etc. :

> Maître Brien avait expliqué à son client que la preuve montée contre lui était mince. Une voisine affirmait l'avoir aperçu au volant d'une Chevy blanche, rue Collins, au cours de la semaine fatidique. Et les experts avaient relevé ses empreintes sur une boîte de poulet.

> Pièce à conviction P-21
> Facture n° 10079
> Rôtisserie Baby Barbecue
> Adresse : 3056, boul. Taschereau, Longueil
> Date : 10/10/70

> La commande : trois club sandwichs (3 x 1,60 = 4,80 $)
> + six Pepsi (6 x 0,15 = 0.90 $)
> + taxes (0.46 $)
> = 6,16 $[23]

Outre les effets de réel obtenus par une telle insertion de documents authentiques, elle met aussi une partie de l'interprétation des faits sous la responsabilité du lecteur, qui épaule pour ainsi dire le journaliste Sam Nihilo investiguant une réalité complexe, difficile à interpréter.

3 Camarades de classe

Né en 1949, à Saint-Denis, Didier Daeninckx a exercé pendant une quinzaine d'années les métiers d'ouvrier imprimeur, animateur culturel et journaliste local. En 1984, il publie *Meurtres pour mémoire* dans la "Série noire" de Gallimard. Il a depuis fait paraître une trentaine de titres qui confirme une volonté d'ancrer les intrigues du roman noir dans la réalité sociale et politique. Ainsi a-t-il dévoilé le rôle qu'a joué Maurice Papon dans la déportation des juifs au cours de l'Occupation.[24] Un autre événement historique que Daeninckx essaie de réécrire à travers la fiction est justement Mai 68, dans un premier temps en collaborant à un recueil de nouvelles intitulé *Black exit* paru en 1988.[25] En 2008, il a repris ce thème dans le roman *Camarades de classe*, dans lequel la

---

23 Hamelin, p. 427.
24 Daeninckx, *Meurtres pour mémoire*.
25 Frédéric H. Fajardie, *Black exit to 68 : 22 nouvelles sur mai* (Montreuil : Brèche-PEC, 1988).

narratrice, Dominique, travaille avec succès dans une agence de publicité. Son mari, François, approche comme elle de la soixantaine. Cadre dans un groupe pharmaceutique en cours de restructuration, il est miné par la perspective d'un possible licenciement à quelques années de la retraite. Un message arrive un jour dans la boîte électronique de François, provenant d'un ancien ami de lycée qui tente de renouer le contact grâce au site internet "camarades-de-classe. com". Dominique répond à l'insu de son mari et sollicite les confidences.

Dans la correspondance électronique qui en découle apparaissent des visions contradictoires d'un même passé. Les jeunes d'Aubervilliers, qui ont partagé les bancs du lycée au cours des années 1960 et ont été marqués par le communisme et les événements de Mai 68, ont choisi des trajectoires diverses. L'un est devenu chanteur de charme, l'autre est demeuré stalinien, un autre a tourné escroc au grand cœur, d'autres sont chimiste, universitaire exilé, détective privé, SDF, ou mort. En ressuscitant ainsi l'époque de gloire du communisme d'après-guerre, Didier Daeninckx raconte l'histoire d'une génération de jeunes qui a été formée, pour le bien ou pour le mal, par les bouleversements sociaux qui se sont cristallisés dans la révolte de Mai 68.

3.1 L'éclatement d'une idée

Contrairement à Hamelin, il ne s'agit pas de questionner un récit historique à travers une approche polyphonique plus ambivalente d'un épisode historique, mais plutôt une illustration fictionnelle de l'éclatement d'un récit historique, d'une idée ayant eu un pouvoir mobilisateur pendant une certaine époque. Dès lors, le roman de Daeninckx se situe beaucoup plus dans le domaine du *new historicism* inspiré par Stephen Greenblatt[26] que celui d'Hamelin, qui est une enquête historique par le biais de la fiction. Il raconte, à partir des histoires personnelles de copains de classe d'autrefois sur une plateforme électronique, le temps qui a passé et les histoires individuelles se sont diversifiées. De la sorte, Daeninckx trace l'individualisation postmoderne propre au vieillissement d'une classe d'étudiants aux ambitions révolutionnaires et collectives dans les années 1960. Il nous raconte l'éclatement d'un grand récit historique à travers la pluralité narrative, qui devient la métaphore du passé d'une illusion.[27] Cet

---

26 Voir à ce sujet Jürgen Pieters, *Moments of negotiation: The new historicism of Stephen Greenblatt* (Amsterdam : Amsterdam University Press, 2001).

27 Nous référons sur ce point à l'excellent *opus magnum* de Furet à propos du communisme : François Furet, *Le Passé d'une illusion : essai sur l'idée communiste au XXe siècle* (Paris : Laffont, 1994).

éclatement se manifeste dans la structure narrative particulière du récit. Bien que similaire à celle de Hamelin, elle en diffère dans la mesure où ce ne sont pas les prolepses et les analepses constantes mais les divers canaux de communication qui s'opposent. Ainsi le présent est-il narré à la première personne par Dominique, la compagne de François, qui dépeint un quotidien désenchanté, marqué par la vie en entreprise, la peur du licenciement économique et la dépression qui s'ensuit. Face à ce quotidien triste, les messages électroniques constituent le deuxième niveau diégétique. Ils sont les pièces du puzzle d'un passé révolu qui se reconstruit de façon polyphonique, à la troisième personne, avec des pseudonymes et de fausses identités. Contrairement au sentiment d'aliénation qui caractérise les personnages du premier niveau diégétique, l'évocation de l'esprit de contestation des années 60 donne l'impression de recoller les mots aux choses, pour revenir à l'expression chère à Foucault. Nous pensons par exemple aux différents messages au sujet de Rodriguez, professeur engagé qui a rejoint l'opposition à Franco en Espagne, et dont l'histoire est narrée comme suit :

> Un réseau libertaire est parvenu à l'exfiltrer au Portugal, puis vers le Chili, où Salvador Allende venait de remporter les élections. Il a pu retrouver à Santiago une partie de sa famille exilée depuis 1939. À peine remis de ses années de privations, il s'est engagé au service du ministère de l'Éducation du gouvernement d'Unité populaire. Il a organisé une campagne d'alphabétisation dans les bidonvilles de Santiago, en coopération avec des enseignants venus de Cuba. Le matin du 11 septembre 1973, jour du coup d'État du général Pinochet ; il a voulu rejoindre le palais présidentiel. [...] Deux jours plus tard, des policiers sont venus le chercher pour le conduire vers un centre de torture. Sa trace se perd définitivement à cet instant.[28]

L'histoire de Rodriguez évoque un passé où les personnages non aliénés étaient au centre des événements en cours de développement.

3.2 La fiction comme puzzle polyphonique

La trame narrative présente donc des ressemblances avec le roman policier, puisque le lecteur et le narrateur rassemblent des indices pour reconstruire le passé, la trajectoire des compagnons de classe et les blancs qui restent dans les interstices entre les récits. On remarquera sur ce point la similarité entre Daeninckx et Hamelin, qui nous présentent l'historiographie fictionnelle comme un grand polar et permettent ainsi de corroborer les propos essentiels de Ginzburg présentés dans l'introduction.

---

28 Daeninckx, *Camarades de classe*, pp. 112–113.

Ce passé prend vite le pas sur le présent, et les actions qui constituent le quotidien des narrateurs ne semblent que des faux fuyants, des attaches narratives pour le cœur historique de ce roman qui ne se situe pas au moment de l'énonciation narrative mais dans les années 1960. Les diverses fortunes vécues par les personnages permettent de revenir sur les enjeux caractéristiques de cette époque, comme par exemple le mouvement ouvrier :

> On sait assez peu que 1964 et 1965 sont des années charnières en banlieue rouge. Jusque-là, c'était un sanctuaire, une sorte de démocratie populaire tolérée aux marges de la capitale. Une nouvelle génération pointe le bout du nez. On s'éloigne de l'esprit de la Résistance, celui de 1968 frappe à la porte, on commence à faire ami avec les frères ennemis du parti socialiste, avec la candidature de Mitterrand en ligne de mire, l'union de la gauche comme moyen de conquérir le pouvoir.[29]

L'événement historique qui a marqué la conscience collective de la société, mais aussi du groupe de jeunes représenté sur la photo de classe est évidemment Mai 68. Les différents messages qui se succèdent se contredisent parfois violemment. De la sorte, les micro-histoires reprises dans le roman reprennent la réception et la réécriture chaotique de Mai 68, dont Kristin Ross estime à juste titre que les multiples publications qui y sont consacrées ne l'éclaircissent pas mais contribuent au contraire à l'ensevelir sous une masse d'informations incohérentes.

La référence aux camarades de classe dans le titre du roman témoigne métaphoriquement de l'éclatement de la notion marxiste, désormais utilisée dans l'industrie des réseaux sociaux qui ne rassemble plus les individus à l'aide des grands récits historiques mais au sein d'un espace de rencontres virtuel.

4 Conclusion

Les deux romans analysés permettent, à travers leurs ressemblances et leurs différences, de revenir à la question du début, à savoir : quels sont et peuvent être les rapports entre la fiction et l'histoire, en particulier lorsqu'il s'agit de rouvrir les archives historiques d'événements clés tels que Mai 68 ?

Notre étude nous a permis dans un premier temps de confirmer la thèse de Ginzburg sur l'importance du paradigme policier de la trace et de l'enquête au sein du discours occidental sur le passé. En d'autres mots, si le passé est un puzzle qu'il s'agit de résoudre le récit fictionnel et surtout la narration policière permettent en premier lieu de nommer et d'identifier les innombrables parties

---

29 Daeninckx, *Camarades de classe*, p. 88.

du puzzle et ensuite de proposer des logiques narratives possibles plutôt que réelles, vraisemblables plutôt que vraies pour les relier.

Dans un deuxième temps, nous avons pu déceler la tension qui existe entre la mémoire et l'Histoire. Les dernières décennies ont vu le déplacement progressif de l'attention littéraire de l'Histoire vers la mémoire. L'enjeu n'est plus l'Histoire en tant que telle, mais la façon dont celle-ci se répercute dans la conscience individuelle et collective de notre époque. À partir d'un tel enjeu, la fiction est un outil de taille, puisqu'il permet d'agencer la scénographie aussi bien temporelle (analepses/prolepses) que personnelle (narration polyphonique) nécessaire pour retracer les ramifications complexes – qui vont des événements de Mai 68 à ceux d'Octobre 70 – vers leur place mémorielle dans les cultures française et québécoise contemporaines.

Bibliographie

Bakhtine, M. M., *La Poétique de Dostoïevski* (Paris : Éditions du Seuil, 1970).

Barthes, Roland, "L'effet de réel", *Communications*, 11 (1968), pp. 84–89.

Brochu, André, "Poésie et militanceö, *Études françaises*, 35 (1999), pp. 67–71.

Certeau, Michel de, "Pour une nouvelle culture prendre la parole", *Études*, juin-juillet (1968), pp. 29–42.

Daeninckx, Didier, *Meurtres pour mémoire* (Paris : Gallimard, 1998).

–, *Camarades de classe* (Paris : Gallimard, 2013).

Debray, Régis, *Mai 68, une contre-révolution réussie : modeste contribution aux discours et cérémonies officielles du dixième anniversaire* (Paris : Mille et Une Nuits, 2008).

Fajardie, Frédéric H., *Black exit to 68 : 22 nouvelles sur mai* (Montreuil : Brèche-PEC, 1988).

Furet, François, *Le Passé d'une illusion : essai sur l'idée communiste au XXᵉ siècle* (Paris : Laffont, 1994).

Ginzburg, Carlo, *Le Fromage et les vers : l'univers d'un meunier du XVIᵉ siècle* (Paris : Flammarion, 1980).

–, *Mythes, emblèmes, traces : morphologie et histoire* (Paris : Verdier/Poche, 1989).

Hamelin, Louis, *La Constellation du Lynx* (Montréal : Boréal, 2012).

Hutcheon, Linda, et Aritha van Herk, *The Canadian postmodern: A study of contemporary English-Canadian fiction* (Don Mills : Oxford University Press, 2012).

Lapierre, Michel, "Louis Hamelin et les étoiles d'Octobre", *Le Devoir* (25 Septembre 2010).

Le Bozec, Yves, *Le Vrai et le vraisemblable : rhétorique et poétique* (Villeneuve d'Ascq : Revue des Sciences Humaines, 2005).

Le Goff, Jean-Pierre, *Mai 68, l'héritage impossible* (Paris : La Découverte/Poche, 2015).

Parizeau, Alice, *L'Armée et la crise d'octobre* (Chicoutimi : J.-M. Tremblay, 2010).

Pelletier, Isabelle, *Le Terrorisme au Canada : l'exemple de la Crise d'octobre 1970* (Montréal : Service des archives, Université de Montréal, Section Microfilm, 2004).

Pieters, Jürgen, *Moments of negotiation: The new historicism of Stephen Greenblatt* (Amsterdam : Amsterdam University Press, 2001).

Potvin, Laurent, *Quarante ans après la crise d'Octobre 1970* (Chicoutimi : J.-M. Tremblay, 2010).

Robin, Régine, "L'Histoire saisie, dessaisie par la littérature ?", *Espaces-Temps*, 59–61 (1995), pp. 56–65.

Ross, Kristin, *Mai 68 et ses vies ultérieures* (Marseille : Agone ; Le Monde diplomatique, 2010).

Vallières, Pierre, *Nègres blancs d'Amérique* (Montréal : Parti Pris, 1967)

Emir Delic (Sainte-Anne)

La longue décennie 1970 en Acadie (1968–1985) : contestations, héritages, partages

> chu pas content de la manière qu'y handlont le langage (à
> l'Université de Moncton, par exemple), ça fait que j'écris. j'écris
> en acadien, par exprès, contrairement à ce qu'en pensent les
> profs, ce n'est pas un caprice mais une lutte. [...] mon écriture
> se nourrit de rock'n'roll (les Rolling Stones, Jimi Hendrix, Lou
> Reed, Jim Morrison, les Beatles), de Moosehead, de french kiss,
> d'assurance-chômage, de welfare, de blues (John Lee Hooker,
> Ulysse Landry le magistral troubadour d'icitte, Memphis Slim,
> Albert King, Lightnin' Hopkins, Bessie Smith), à l'anti-œdipe, à
> Karl Marx, à l'acide, au fricot, à Tracadie, aux frolics, à Leroi
> Jones Imamu Amiri Baraka. [...] écrire. poser des questions,
> donner de l'information, virer le langage à l'envers pour voir
> comment c'est huilé, les mots, les phrases. écrire. créer un écrire
> qui dérange, qui incite d'autres écritures, des photos, des joints,
> de la mescaline, de l'assurance-chômage, de l'insubordination
> à grammaire et aux boss. faire lire. faire écrire. faire vivre.
> changements/mutations. acte d'amour et de guérilla. mon
> poème bande dans tes yeux.[1]

Il est difficile d'évoquer le tournant des années 1970 dans la francophonie canadienne sans songer au big-bang de l'ancienne nation canadienne-française, qui,
à titre d'espace nationalitaire utopique, visait à englober toutes les communautés
d'expression française plus ou moins grandes et plus ou moins dispersées à travers
le Canada et les États-Unis et soutenues, de près ou de loin, par le Québec, citadelle
traditionnelle du fait français des Amériques. Enclenchés aux assises nationales
des États généraux du Canada français tenues à Montréal en novembre 1967,[2] les

---

1 Gérald Leblanc, "Chu pas content", *Pour vivre icitte (1972–1980)*, Id., *L'Extrême Frontière. Poèmes 1972–1988* (Sudbury : Prise de parole, 2015), p. 53.

2 Rassemblant plus de 2000 délégués et participants, ces assises sont précédées et sui-
vies d'assises qui se tiennent respectivement en 1966 et en 1969. Pour comprendre la
place de ses rassemblements dans l'évolution du Canada français, on lira avec intérêt
Marcel Martel, *Le Deuil d'un pays imaginé : rêves, luttes et déroute du Canada français*

remous de ce big-bang ont nourri une vive effervescence dans les arts et la culture des différentes communautés, si bien qu'en canalisant les spécificités locales de ces dernières, cette effervescence a stimulé l'affirmation de nouvelles identités collectives. De l'ancien ensemble canadien-français émergeront de la sorte des identités morcelées se définissant dorénavant en référence à leur espace provincial ou territorial. Or, le primat ainsi donné aux divergences qui ont martelé la prise de conscience initiale et les ambitions d'autonomisation subséquentes de chacune des communautés francophones du Canada semble avoir escamoté, au cours du dernier demi-siècle, un certain nombre de convergences, convergences qui ont pourtant été tout aussi opératoires pour leur évolution. L'influence diffuse de l'esprit 68 s'en révèle être un témoin privilégié.

Cet esprit, qui a aiguisé les divers courants contestataires, coopératifs et anti-technocrates[3] identifiables aux années 1968, est largement tributaire de la contre-culture états-unienne et des revendications de libre arbitre et de droits civils de groupes marginalisés, telles celles des actes protestataires des *in* auxquels les communautés afro-américaines sont les premières à recourir et qui comprennent, entre autres, les *sit-in*, les *walk-in*, les *read-in* et les *teach-in*. Toujours est-il que le rayonnement de l'esprit 68 s'est avéré mondial. Aussi le Canada français en a-t-il été inévitablement touché, comme en fait preuve l'extrait, mis en épigraphe du présent texte, de "Chus pas content" du poète acadien Gérald Leblanc. De fait, c'est dans l'exacte mesure où les communautés franco-canadiennes[4] ont été amenées à se chercher de nouveaux repères d'identification dans l'air du temps des années 1968 qu'elles attestent une certaine cohérence dans leurs schèmes idéels et esthétiques. Cette cohérence se manifeste d'une façon tout à fait remarquable entre 1968 à 1985, période que Jimmy Thibeault et moi-même avons nommée la "longue décennie 1970".[5] Si c'est d'abord dans et par la poésie, forme d'expression privilégiée des minorités linguistiques, que cette cohérence se dégage, elle est loin de s'y cantonner. Transparaissant dans

---

(Ottawa : Presses de l'Université d'Ottawa, 1997) et Jean-François Laniel et Joseph Yvon Thériault (éds.), *Retour sur les États généraux du Canada français : continuités et ruptures d'un projet national* (Québec : Presses de l'Université du Québec, 2016).

3   Voir Theodore Roszak, *The Making of a Counter Culture: Reflections on the Technocratic Society and its Youthful Opposition* (Garden City : Doubleday, 1969).

4   Cette épithète renvoie à toutes les communautés constitutives de la francophonie canadienne, y compris le Québec.

5   Emir Delic et Jimmy Thibeault (éds.), "La poésie franco-canadienne de la longue décennie 1970 (1968–1985)", *Francophonies d'Amérique*, 38–39 (automne 2014–printemps 2015), pp. 11–151.

d'autres œuvres culturelles allant de la création littéraire à la prose d'idées, une cohérence dans les schèmes de pensée et de création propres à la francophonie canadienne durant la longue décennie 1970 semble irriguer l'ensemble de son imaginaire social de l'époque. Voilà l'hypothèse que cette étude cherchera à mettre à l'épreuve.

À cette fin, je procéderai en trois temps. Pour commencer, j'entends m'interroger sur la variabilité de la périodisation des événements "soixante-huitards", car les études du sujet, y compris celles parues pour en marquer le cinquantième anniversaire, arborent obstinément un flottement sémantique. Une fois la variabilité de la périodisation éclaircie, il s'agira d'en explorer le jalon initial et le jalon terminal dans le contexte de la francophonie canadienne. À cet effet, seront abordées deux manifestations spécifiques de l'esprit 68 en Acadie, à savoir la grève étudiante au Collège Sainte-Anne, datant de 1968, et le film *Toutes les photos finissent par se ressembler* d'Herménégilde Chiasson, réalisé en 1985.[6] Il apparaîtra enfin que ces manifestations se donnent à voir comme des échos emblématiques d'une période traversée de bout en bout par un besoin impérieux d'affirmation identitaire. En cela, ces échos sont à même de révéler la perspective acadienne comme une espèce de fenêtre de coin, ouverte à la fois sur un lieu excentré des avatars de l'esprit 68 et sur l'ensemble des changements socioculturels survenus dans la francophonie canadienne durant la longue décennie 1970.

Les méandres de l'esprit 68 et la francophonie canadienne

Pour circonscrire le cadre temporel de l'esprit 68 par rapport à ses manifestations et ses retombées franco-canadiennes, il convient de s'arrêter sur la problématique du Colloque du Réseau de la recherche sur la francophonie canadienne qui s'est déroulé en juin 2018. Optant pour une facture bilingue, ce colloque était intitulé, en français, *La Dimension oubliée des années 1968 : mobilisations politiques et culturelles des minorités nationales en Amérique du Nord – Dynamiques partagées, héritages communs ?* et, en anglais, *The Forgotten Dimension of the "Long Sixties": Political and Cultural Movements of National Minorities in North America. Shared Experiences, Common Legacy?* Dans la version française du titre, il est question des "années 1968". Il est acquis de nos jours que cette rencontre peu orthodoxe des "années" au pluriel et d'une année au singulier sert à dénoter le retentissement durable des multiples événements de l'époque,

---

6   Herménégilde Chiasson, *Toutes les photos finissent par se ressembler* (Montréal : Office national du film du Canada, 1985).

lesquels atteignent leur paroxysme en 1968. Seulement, il n'existe toujours pas de consensus sur le début et la fin de la période. Ainsi, en France, est-il courant d'utiliser comme bornes, d'un côté, la fin de la guerre d'Algérie en 1962, et de l'autre, la victoire décisive de François Mitterrand aux élections présidentielles en 1981. C'est le cas, entre autres, de l'imposant ouvrage collectif, de quelque 850 pages, de Philippe Artières et Michelle Zancarini-Fournel qui paraît en 2008 et qui s'intitule *68. Une histoire collective (1962–1981)*.[7] D'autres penseurs, en tenant pour déterminants des événements se produisant loin de l'Hexagone, ont jeté le filet plus large d'un point de vue géographique, mais ils suggèrent de raccourcir la durée de la période. Citons, par exemple, Robert Frank, photographe et cinéaste d'origine suisse et auteur du livre-album culte *Les Américains*, préfacé par nul autre que Jack Kerouac.[8] Dans son texte au titre évocateur "Les temps de 68", qui date de 2008, Frank précise à ce propos :

> Les "années 68" sont encore des années d'enchantement, celles qui sont marquées par l'optimisme de l'interaction entre temps des mutations et temps de la contestation : voilà ce qui permet d'en préciser la chronologie et incite à ne point la prolonger jusqu'aux années 1980. Cet enchantement du monde repose sur une ambivalence fondamentale : un rêve de justice et de libération, en même temps qu'un aveuglement plus ou moins important, un manque de lucidité chez ceux qui rêvaient de justice, face aux totalitarismes communistes. De ce point de vue, les années 68 sont un phénomène occidental – Europe centrale comprise – dont la cristallisation commence en Asie et finit en Asie : leur début est marqué par la guerre du Vietnam qui lance l'ère de la contestation en 1965, et leur fin arrive avec la tragédie du Cambodge qui ouvre l'ère du désillusionnement.[9]

Bien que ce postulat ne soit pas dénué d'intérêt, ne faire durer les années 1968 que dix ans, entre 1965 (début de l'intervention massive des États-Unis au Vietnam) et 1975 (début de l'invasion des Khmers rouges en Cambodge), cela ne serait-il pas trop limitatif ? On serait en droit de le penser, d'autant que le volume où est paru le texte de Frank étend la période jusqu'en 1981.[10]

---

7   Philippe Artières et Michelle Zancarini-Fournel (éds.), *68. Une histoire collective (1962–1981)* (Paris : La Découverte, 2008).

8   Robert Frank, *Les Américains* (Paris : R. Delphire, 1985 [1958]).

9   Robert Frank, "Les Temps de 68", Geneviève Dreyfus-Armand (éd.), *Les Années 68, un monde en mouvement. Nouveaux regards sur une histoire plurielle (1962–1981)*, (Paris : Édition Syllepse ; Nanterre : BDIC, 2008), p. 62.

10 Voir *Ibid*.

Cela dit, qu'en est-il de l'expression anglaise *"the Long Sixties"*, elle aussi utilisée dans le titre du colloque cité plus haut, mais dans sa version anglaise ? Ici,
les choses ne sont guère plus nettes. Dans un livre publié en 2016 et portant sur
l'autre pays clef dans les bouleversements de l'époque, soit les États-Unis, Christopher B. Strain délimite la période de 1955 à 1973.[11] Il utilise comme jalons,
d'un côté, la répercussion qu'a eue sur les droits civils l'arrêt de la Cour suprême
des États-Unis en matière de *Brown et autres contre le Bureau de l'éducation*
(1954) et, de l'autre, les débats sur les torts civiques et juridiques et leurs répara-
tions, y compris, au tout début de l'année 1973, la légalisation de l'avortement à
la suite d'un autre arrêt de la Cour suprême des États-Unis (*Roe contre Wade*) et
le Traité de Paris marquant la fin de la guerre du Vietnam. D'autres commentateurs de l'époque vont plus loin, comme l'essayiste prolifique Tom Hayden, qui
signe en 2009 l'ouvrage *The Long Sixties: from 1960 to Barack Obama*.[12] Traitant
de l'influence à long terme des courants réactionnaires et révolutionnaires de la
décennie 1960, Hayden divise son étude en quatre périodes – "The First Sixties,
1955–1965", "The Second Sixties, 1965–1975", "The Sixties at Fifty", "The Sixties
in the Obama Era" – et insiste de cette façon sur différents développements
sociohistoriques connexes ayant débouché sur l'élection de Barack Obama à
la présidence des États-Unis.[13] Mentionnons enfin le livre de Richard Vinen
paru en 2018 et ayant pour titre *The Long '68. Radical Protest and Its Enemies*.
À l'aide d'un titre qui fusionne les expressions française et anglaise, l'historien britannique s'intéresse au retentissement différencié des années 1968 sur
plusieurs pays occidentaux, à savoir, dans son ordre de priorité, les États-Unis,
la France, l'Allemagne (de l'Ouest) et la Grande-Bretagne. La périodisation de
Vinen se prolonge, à l'instar de celle de Hayden, jusqu'aux années 2000, dont
un moment marquant pour lui est le virulent discours que Nicolas Sarkozy,
alors candidat lors des présidentielles françaises, a donné en avril 2007 et où il
faisait valoir qu'il fallait "liquider" l'héritage de mai 68.[14] Que cet héritage soit
ainsi honni par un futur président français alors qu'en même temps, mais de

---

11 Christopher B. Strain, *The Long Sixties: America, 1955–1973* (Hoboken : Wiley-Black-
    well, 2016).

12 Tom Hayden, *The Long Sixties: from 1960 to Barack Obama*, (London/New York : Rout-
    ledge, 2016 [2009]).

13 *Ibid*.

14 Auteur anonyme, "Nicolas Sarkozy veut 'liquider' l'héritage de mai 68", *L'Obs* (30 avril
    2007) <https://www.nouvelobs.com/politique/elections-2007/20070430.OBS4781/
    nicolas-sarkozy-veut-liquider-l-heritage-de-mai-68.html> [consulté le 17 septem-
    bre 2019].

l'autre côté de l'Atlantique, il est salué au titre de ce qui a mené au succès d'un futur président états-unien, voilà qui met en évidence les méandres des ressorts multiples, potentiellement antithétiques, de l'esprit 68.

Tout se passe finalement comme si les retombées des événements des années "soixante-huitardes" accusaient des durées différentes, selon les repères retenus et selon le sens et l'importance relative attribués à ces repères dans un contexte particulier. C'est à ce constat qu'arrive également Geneviève Dreyfus-Armand dans son introduction à un numéro spécial de la revue *Matériaux pour l'histoire de notre temps* qui examine les années 1968 en tant que "contestation mondialisée".[15] Selon l'historienne française, les contributions du numéro démontrent que "[…] s'il y a bien une circulation des idées et des pratiques, chaque mouvement de contestation s'enracine dans des spécificités locales".[16] Quelles sont alors ces spécificités dans le contexte de la francophonie canadienne telles qu'elles se manifestent dans les œuvres de culture et dans le discours social ? Et pourquoi nous autorisent-elles à avancer que la longue décennie 1970 couvre la période de 1968 à 1985 ?

Avant d'aborder la pertinence de ces deux dates, il importe de remarquer dès maintenant que cette périodisation renvoie à une espèce d'air du temps qui caractérise la *durée* de l'avènement à la modernité des cultures et des littératures propres aux diverses communautés franco-canadiennes d'aujourd'hui, y compris l'Acadie. Autrement dit, il n'est pas question ici de moments précis, forcément variables selon les milieux, qui ouvrent la modernité de telle communauté franco-canadienne spécifique. Par ailleurs, comme le suggère le bref survol des écrits critiques sur la période que nous venons d'effectuer, il est sans doute possible d'établir d'autres limites à la longue décennie 1970 ; toute périodisation du genre est par principe sujette à interprétation. N'empêche que, quelles que soient les dates exactes retenues, deux faits demeurent. *Primo*, les événements influents de la francophonie canadienne qui ont lieu durant la décennie 1970 baignent dans l'esprit 68, fût-ce en raison de la nature diffuse de celui-ci. *Secundo*, cette décennie est dotée d'une certaine "longueur". Car si l'avènement à la modernité des communautés franco-canadiennes s'est déplié sous l'impulsion d'un besoin de s'affirmer comme francophone(s) dans un pays majoritairement anglophone et de revendiquer la légitimité de cette prise de

---

15 Geneviève Dreyfus-Armand (éd.), "Les années 1968 : une contestation mondialisée. Résonances et interactions internationales", *Matériaux pour l'histoire de notre temps*, 94 (2009).

16 Geneviève Dreyfus-Armand, "Avant-propos", *Matériaux pour l'histoire de notre temps*, 94 (2009), p. 2.

parole, individuelle autant que collective, indépendamment de son milieu de vie, il se trouve que cette affirmation et cette revendication initiales débordent, des deux côtés, la décennie calendaire 1970 ; et cela, soulignons-le, quoiqu'elle y trouve son centre de gravité. Avec ces observations présentes à l'esprit, explorons maintenant, sous l'angle de l'expérience acadienne, les deux échos vibrants aux deux extrêmes de la longue décennie 1970.

Un écho de 1968 : la grève du Collège Sainte-Anne

Lorsqu'on traite de l'esprit 68 en lien avec l'Acadie, on invoque d'ordinaire les manifestations étudiantes qui se sont déroulées à Moncton entre février 1968 et janvier 1969. Popularisées par le documentaire *L'Acadie, l'Acadie ?!?* de Michel Brault et Pierre Perrault,[17] elles ont fait l'objet de la quasi-totalité des travaux sur le sujet, y compris le beau livre de Joel Belliveau intitulé *Le "moment 68" et la réinvention de l'Acadie*.[18] Malgré leur contribution indéniable à la compréhension des années 1968 en Acadie, la plupart des études existantes se focalisent sur le Nouveau-Brunswick et négligent, de ce fait, les régions acadiennes des autres provinces des Maritimes. De plus, étant donné qu'elles tendent à passer sous silence les milieux ruraux, elles laissent entendre que les années 1968 sont une affaire de centres urbains. Or, la grève étudiante qui éclate au Collège Sainte-Anne, en Nouvelle-Écosse, le 5 décembre 1968 et qui s'étend sur vingt jours, prouve le contraire. Comme à Moncton, à Montréal, à Bruxelles ou à Paris, ces agitations mues par l'esprit 68 ne se sont pas formées en un jour ; elles sont le résultat d'une lente gestation de déceptions, de frustrations et de désillusions de la part des baby-boomers atteignant l'âge critique du passage de la minorité à la majorité, au sens allemand de la *Unmündigkeit* à la *Mündigkeit*, et rêvant d'un monde meilleur. C'est pourquoi, afin de saisir les conséquences de la grève de Sainte-Anne, il faut mettre en relief quelques faits saillants qui l'ont précédée.

Remarquons d'abord qu'à l'époque, l'institution, qui est aujourd'hui une université, était encore un collège classique géré par une congrégation de pères eudistes qui l'avait fondé en 1890 à Pointe-de-l'Église, aussi connu sous son nom anglais de Church Point, village côtier au cœur de la municipalité acadienne de Clare. Pendant plus de 70 ans, les Eudistes du Collège Sainte-Anne ont réussi à rester fidèles à leur mission initiale : protéger "la langue et la foi",

---

17 Michel Brault et Pierre Perrault, *L'Acadie, l'Acadie ?!?* (Montréal : Office national du film du Canada, 1971).

18 Joel Belliveau, *Le "moment 68" et la réinvention de l'Acadie* (Ottawa : Presses de l'Université d'Ottawa, 2014).

comme le veut l'expression consacrée, en offrant aux Acadiens et, dans une
moindre mesure, aux Canadiens français des autres régions, une formation
rigide, certes, mais une formation les outillant pour se délivrer de leur statut de
laissés-pour-compte, de réprouvés, marginalisés qu'ils étaient dans une société
majoritairement anglophone. L'indique sans ambages un mémoire officiel qui,
lors de la crise de l'institution au tournant de 1970 dont la grève marque un
moment charnière, expose l'importance du collège pour la société acadienne :

> Avant l'ouverture du Collège Sainte-Anne en 1890 il n'y avait pas un seul prêtre aca-
> dien dans les paroisses françaises de la Nouvelle-Écosse. Pas un médecin acadien de
> cette province n'y pratiquait. On ne trouvait pas un avocat français pour comprendre
> adéquatement les litiges des Acadiens. Le personnel enseignant était en grande partie
> anglais ou de formation purement anglaise. [...] Les Acadiens de la Nouvelle-Écosse
> étaient réduits au rang de parias.[19]

Or, cette mission éducative, émancipatrice, les Eudistes ont de plus en plus de
mal à la remplir depuis la fin des années 1950, l'isolement de la communauté,
la baisse du nombre d'inscriptions, le difficile recrutement des professeurs ainsi
que les nouveaux besoins "modernes" des étudiants leur rendant la tâche progressivement plus ardue. Des changements s'imposent et les pères s'y emploient
dès 1960. L'embauche des premiers professeurs laïcs, l'ouverture des portes de
l'institution aux femmes, l'assouplissement des exigences du cursus classique,
la création d'un Conseil des aviseurs comme première étape de laïcisation
des structures administratives et, enfin, à l'automne 1967, la possibilité pour
les étudiants anglophones de faire leurs études au Collège dans la langue de
Shakespeare, voilà autant d'indices qu'une brise de renouveau souffle sur la vie
de l'institution au cours des années précédant la grève de 1968.

Toutes ces initiatives ne suffiront néanmoins pas à résoudre, ni même à pallier
les graves difficultés financières du Collège Sainte-Anne. Conséquence ? En mai
1968, après deux années de tergiversations, le *Nova Scotia Grants Committee*,
soit le Comité des subventions destinées aux universités de la Nouvelle-Écosse,
entérine un rapport préparé par Jacques Garneau, directeur de l'Association des
universités et collèges du Canada, qui s'est penché sur les opérations du Collège. Acceptées intégralement par le *Grants Committee*, les recommandations

---

19 Auteur anonyme, "Le Collège Sainte-Anne et la culture acadienne", Centre acadien,
    Fonds Collège Sainte-Anne, MG1/b38-d292a. Bien que l'auteur de ce document et sa
    date exacte soient inconnus, son contenu est tel qu'il porte à penser qu'une personne
    familière avec les démarches administratives de l'institution l'a rédigé vers la fin de
    1971 ou en 1972.

comprennent, outre la laïcisation de l'établissement et la modernisation des programmes d'étude, une recommandation fort litigieuse, à savoir le déménagement du Collège à Yarmouth, ville anglophone comptant environ 7000 habitants à l'époque et située à 64 km du village acadien de Pointe-de-l'Église. Conscient de la nature épineuse de cette dernière recommandation – il y a fort à parier que c'est elle qui a retardé de deux ans la décision du *Grants Committee* –, le premier ministre de la Nouvelle-Écosse, George Smith, se dépêche de déclarer que le gouvernement n'endosse pas forcément ces recommandations et qu'il tient à "[…] étudier sérieusement […] la nature [du] problème et les valeurs culturelles attachées à une institution comme le Collège Ste-Anne [*sic*]".[20] Durant les prochains mois, soit de mai à octobre 1968, plusieurs personnes et organismes proclament leur appui pour le maintien de l'institution à Pointe-de-l'Église. Parmi ces défenseurs, on compte le Conseil des aviseurs, l'Association des étudiants et Benoit Comeau, député du parlement provincial provenant de Clare. Une nouvelle donne compliquera la situation à la mi-octobre 1968 : les villes de Digby et de Yarmouth se voient officiellement désignées comme "districts bilingues". Nouvellement créée sous l'éperon des travaux de la Commission royale d'enquête sur le bilinguisme et le biculturalisme,[21] cette désignation donne à un groupe linguistiquement minoritaire – les francophones hors Québec, les anglophones au Québec – le droit à un certain nombre de services dans leur langue maternelle. À la suite de cette annonce, les discussions se corsent au point que le premier ministre, dans le but de désamorcer les tensions montantes, ordonne la tenue d'une audience publique. Le 28 octobre 1968, quelque 1500 personnes se rassemblent à l'auditorium du Collège Sainte-Anne pour faire valoir l'importance de l'institution pour la région de Clare auprès de deux dirigeants de Sainte-Anne et de quatre représentants gouvernementaux, dont Gérald Doucet, ministre de l'Éducation, et Arthur Murphy, président du *Grants Committee*. Celui-ci se montre compréhensif à l'égard des inquiétudes exprimées, mais pointe, avec une certaine maladresse, vers le spectre des pressions fiscales :

If it hadn't been for these people [the Eudist Fathers][,] this institution would not be here today. They were outstanding teachers who worked without payment but to clothe and

---

20 Lettre du père Raymond LeBlanc aux membres du Conseil des aviseurs, 22 mai 1968 ; citée dans René LeBlanc et Micheline Laliberté, *Sainte-Anne, collège et université : 1890–1990* (Pointe-de-l'Église : Chaire d'étude en civilisation acadienne de la Nouvelle-Écosse, 1990), p. 344.

21 La Commission Laurendeau-Dunton publie en 1968 le deuxième des cinq tomes de ses recommandations, celui portant sur la question cruciale de l'éducation.

feed themselves. [...] Unfortunately, the Eudist[s] can no longer provide the entire staff of the University. Lay people are being brought in... and these people have a nasty way of wanting to get paid for their services. [...] There must, therefore, be some modification and change [...].[22]

Pareilles ripostes auront pour effet de terminer la consultation par un ton amer, bien que le ministre de l'Éducation croie bon d'assurer l'auditoire en signalant qu'aucune décision n'a été prise et que tous les points de vue exprimés seront bien pesés.

Image 1. *Ibid.*

L'opposition entre les deux camps, ceux qui rejettent l'idée du déménagement du Collège et ceux qui y voient son seul moyen de survie, s'intensifie au mois de novembre et au tout début du mois de décembre 1968. Ainsi, si la voix des défenseurs d'un maintien du Collège à Pointe-de-l'Église se voit fortifiée au moment où la municipalité de Clare se prononce ouvertement contre le déménagement le 7 novembre 1968, elle finira par se heurter de front à la position qu'adopteront une vingtaine de jours plus tard, d'une part, les Acadiens d'Argyle, une autre communauté acadienne située au sud de Yarmouth, et, d'autre part, le diocèse de Yarmouth.

C'est le 5 décembre 1968 – c'est-à-dire deux jours après que le diocèse de Yarmouth a voté très majoritairement (18 contre 3) pour le déménagement de l'institution[23] – que 89 % des 174 étudiants de Sainte-Anne se prononcent en

---

22 Alain Meuse, "Committee Recommends College Move", *The Vanguard* (5 novembre 1968), p. 1.

23 Auteur anonyme, "Clergy favours move", *The Chronicle Herald* (4 décembre 1968), [n.p.].

faveur d'une grève.[24] Celle-ci est déclenchée ce jour-là et, en moins d'une semaine, les étudiants trouveront du soutien de tous côtés, allant de l'Association des professeurs du Collège aux étudiants d'autres collèges et universités des Maritimes en passant par les élèves des écoles environnantes (y compris l'école secondaire de la ville anglophone de Digby). Si les tensions au Collège Sainte-Anne ont fait les manchettes des journaux locaux et régionaux tout au long du trimestre d'automne 1968, la grève, elle, attirera l'attention des médias à Québec et à Ottawa. L'intérêt pour la cause des étudiants ne fera que grandir à la suite du moment le plus violent des agitations, survenu le 9 décembre 1968, lorsque les étudiants brûlent une effigie de Norman Belliveau.

Image 2. Auteur anonyme, "Brûlé en effigie", *L'Évangéline* (16 décembre 1968), [n.p.].

---

24 Auteur anonyme, "Les élèves du Collège Sainte-Anne se sont mis en grève hier matin", *L'Évangéline* (6 décembre 1968), p. 1.

Vivement réactionnaire, ce geste n'est pas sans rappeler celui, tout aussi incendiaire, de la tête de cochon livrée, dix mois plus tôt, au maire de la ville de Moncton par les étudiants de l'Université de Moncton. À l'instar de ces derniers, les étudiants de Sainte-Anne ont posé un retentissant acte de protestation. En effet, Norman Belliveau était jusqu'alors l'un des plus éminents anciens étudiants de l'institution : il a fait une brillante carrière de médecin, présidant même pendant quelque temps l'Association des médecins du Canada, succès qui a peut-être motivé son affectation au *Grants Committee*. Or, contre toute attente, Belliveau s'est prononcé pour le déménagement du Collège à l'occasion du vote du diocèse de Yarmouth, auquel lui et le ministre de l'Éducation ont assisté. Quand bien même les étudiants semblent voués plus que jamais à lutter pour leur cause, votant le 10 décembre 1968 pour une continuation de la grève, ils ne s'opposent pas pour autant aux pourparlers.

De fait, le 11 décembre 1968, accompagnés de certains de leurs professeurs, ils partent pour Halifax afin de rencontrer le ministre de l'Éducation. Celui-ci tente de les rassurer en les informant qu'il travaille à une solution, mais que celle-ci prendra du temps compte tenu d'exigences procédurales dans ce genre de dossier. Entre-temps, les dirigeants du Collège ont annulé les examens finals et mis fin au trimestre d'automne le 13 décembre 1968, soit cinq jours plus tôt que prévu. Toujours est-il que les étudiants restent en grève jusqu'au 25 décembre, le jour où ils acceptent la solution avancée par le gouvernement et consistant à former un tribunal indépendant qui se penchera sur l'enseignement supérieur bilingue de la Nouvelle-Écosse.[25] Constitué de trois universitaires distingués[26] et alignant ses travaux sur les conclusions de la Commission royale d'enquête sur le bilinguisme et le biculturalisme, ce tribunal sera constitué dès janvier 1969 et publiera un an plus tard son rapport complet qui contiendra 14 recommandations en vue de la création d'un collège communautaire bilingue basé à Meteghan, un autre village en Clare, à 18 km de Pointe-de-l'Église. En avril 1970, le ministre de l'Éducation dépose un projet de loi pour créer une Commission de planification du Collège communautaire du Sud-Est de la Nouvelle-Écosse. Comme les exigences procédurales auquel le ministre faisait allusion pendant sa rencontre avec les étudiants de Sainte-Anne sont inséparables de ce type de planification, le devenir du Collège connaîtra encore nombre de péripéties au fil

---

25 Dulcie Conrad, "N. S. Economics Dictate St. Ann's College Be Bilingual, Says Doucet", *The Chronicle Herald* (27 février 1969), p. 3.

26 Le professeur David Monroe, adjoint au recteur de l'Université McGill ; le monseigneur Alphonse-Marie Parent, vice-recteur de l'Université Laval ; et le père Roger Guindon, recteur de l'Université d'Ottawa.

des prochaines années, si bien que ni les recommandations du tribunal initial ni celles de la commission ne seront entièrement mises en œuvre. Certes, le Collège, devenu laïc en 1971, a continué à adapter ses structures administratives, à diversifier son corps professoral et à développer plus avant ses cursus, mais il est resté à Pointe-de-l'Église et son unique langue officielle est demeurée le français. Par ailleurs, 25 ans après avoir formellement adopté le nom d'université en 1977[27], l'institution a assimilé le Collège de l'Acadie, dans le but double d'élargir sa mission éducative – en offrant, en plus des cursus universitaires, des programmes collégiaux, au sens nord-américain du terme – et de se doter de plusieurs campus satellite – dont aucun n'est à Yarmouth ni à Meteghan. Aujourd'hui, l'Université Sainte-Anne est, avec l'Université de Moncton, l'une des deux institutions francophones des Maritimes. Aussi constitue-t-elle un important pôle d'attraction pour une population étudiante fort diversifiée, les Acadiens y côtoyant autant des francophones venus de partout dans le monde que des francophiles ayant choisi de poursuivre leurs études en français.

Un écho de 1985 : *Toutes les photos finissent par se ressembler*

Si le début de la longue décennie 1970 se déploie sous les enseignes de la volonté de prendre la parole, de se dire, de s'affirmer pour consigner à visage découvert son sens d'appartenance et son engagement envers une communauté, il n'en va pas autrement pour la fin de la décennie. Toutefois, les formes d'affirmation de soi, quoique toujours présentes, se montrent alors moins urgentes, moins insistantes et moins militantes qu'à leur première heure. Car au fil des années, les cris du cœur perdent graduellement de leur couleur, sinon de leur force ; les réflexes réfractaires à l'ordre s'estompent ; la pensée réactionnaire devient de plus en plus prête de se muer en pensée réflexive. Ainsi, au fur et à mesure que les différentes communautés francophones du Canada se définissent dans leurs particularités et qu'elles acquièrent une certaine autonomie en se dotant de structures institutionnelles qui leur sont propres, l'affirmation de soi véhémente révèle ses limites.

Cela se vérifie aisément si l'on se tourne vers le domaine artistique qui a joué un rôle de premier plan dans l'avènement à la modernité des diverses cultures francophones du Canada, à savoir la littérature. Si l'on ne devait recourir qu'à un seul indice pour mesurer le degré d'autonomie et d'épanouissement de la littérature d'une communauté, la présence d'éditeurs serait un choix probant. Qu'en

---

27 L'institution possède en effet une charte universitaire depuis 1892.

est-il alors durant la longue décennie 1970 au Canada francophone ? Après la
fondation, au Québec, de plusieurs maisons d'édition et revues dans les années
1960, dont Parti pris, La Barre du jour et Les Herbes rouges, c'est effectivement au
tour des autres régions franco-canadiennes de fonder des institutions éditoriales.
Ainsi sont mises sur pied les Éditions d'Acadie en 1972 (à Moncton), les Éditions
Prise de parole en 1973 (à Sudbury), les Éditions du Blé en 1974 (à Saint-Boni-
face), les Éditions des Plaines en 1979 (à Winnipeg) et les Éditions Louis-Riel en
1984 (à Régina).[28] Ces maisons d'édition ont d'autant plus conditionné l'émergence de la littérature et de la culture d'expression française au Canada qu'elles
offraient, pour la première fois, aux auteurs locaux l'occasion de publier chez eux.
Dès lors, il ne leur était plus nécessaire de passer par des éditeurs français ou
québécois (dans le cas des francophones hors Québec), ni de s'incliner devant
les impératifs idéologiques des élites religieuses ou politiques qui vassalisaient
les journaux, ces derniers représentant à l'époque un moyen capital de diffusion
d'informations. C'est, très précisément, à la suite de cette vague d'effervescence
de structures éditoriales que s'essouffle la longue décennie 1970, prenant fin en
1985. À ce moment charnière, les œuvres artistiques franco-canadiennes autant
que le discours social qui s'y rapporte reflètent généralement l'aplatissement
de la volonté véhémente de s'affirmer au profit d'une nouvelle volonté : celle de
se connaître. Il s'agit là d'une volonté qui, pour s'exercer, tend à se conjuguer
aux rencontres avec autrui ou aux expériences d'un ailleurs et qui, de ce fait, se
prive volontiers d'un véritable accomplissement, lui préférant un retour sur soi à
recommencer constamment à la faveur de nouvelles découvertes.

Ce passage de la volonté d'affirmation de soi à celle de connaissance de soi
est articulé d'une façon particulièrement nuancée dans le film *Toutes les photos
finissent par se ressembler* réalisé en 1985 par Herménégilde Chiasson.[29] Quali-
fié de "documentaire", ce court-métrage revêt une facture biofictive en ce que le
scénario inventé d'une rencontre entre un artiste – Chiasson lui-même – et sa
fille sert à raconter simultanément l'histoire personnelle et familiale des deux
personnages que séparent cinq ans de silence, et l'histoire collective de l'Acadie, où s'entrelacent quête identitaire et revendications socioculturelles. "[...]
[P]eut-être qu'il me serait difficile de saisir là où commencent les souvenirs
et là où se situe ce que j'en ai fait", avoue le protagoniste-auteur au début du
film, présageant de la sorte l'ambivalence assumée d'une narration qui se tisse
à partir d'une question que la fille, désirant devenir écrivaine et suivre ainsi

---

28   Les Éditions Louis-Riel deviendront les Éditions de la nouvelle plume en 1996.
29   Herménégilde Chiasson, *Toutes les photos finissent par se ressembler*.

les pas du père, pose à celui-ci : elle lui demande de lui raconter son histoire pour qu'elle puisse avancer l'écriture de la sienne. Ainsi enclenchée, la trame se déroule au rythme d'un constant ballottement entre réalité et fiction, entre présent et passé, entre récit enchâssant et récits enchâssés, entre histoire collective et histoires individuelles. Ce leitmotiv du mouvement continu axé sur le dépassement, qui traverse toute l'œuvre, ne se manifeste pas seulement sur plan formel ; il se fait aussi jour sur le plan thématique. Outre que la majorité des scènes du film se déroulent dans des lieux de passage (l'aéroport, la route, le restaurant), la fin de la rencontre entre père et fille mime son début tout en y jetant un éclairage nouveau. À vrai dire, les échanges entre les deux personnages ont beau se fissurer sans cesse, ils ne manquent pas, tôt ou tard, d'entrer en résonnance. À preuve, le fait que la fille, tout en reconnaissant son ignorance de certaines choses, se rend, à sa manière, à l'évidence du pouvoir de l'écriture : "Je sais seulement que, dans les albums, toutes les photos finissent par se ressembler. Ce qui reste, ce sont les histoires qu'on en fait et qu'on raconte autour".[30] Ce constat qu'elle dresse dans son manuscrit, lequel elle demande au père de lire dans la dernière scène du film, ne renvoie pas uniquement au titre du documentaire ; il réverbère également l'observation suivante que le père a formulée au début de film : "Ce film est un album. Je l'ai fait en pensant qu'un jour, il faudrait se retrouver quelque part. Un peu comme ce midi où nos vies se sont soudainement croisées. Un peu aussi à l'image de l'Acadie, ce pays sentimental dont il est beaucoup question ici. De nulle part et de partout".[31] On le voit, malgré les silences et malgré les distances spatiale et temporelle, la cohérence des schèmes idéels et esthétiques qui marquent la longue décennie 1970 de bout en bout permet ultimement de recomposer les regards croisés entre père et fille, entre histoires personnelles et histoire collective.

Que *Toutes les photos finissent par se ressembler* de Chiasson symbolise l'essoufflement de l'affirmation de soi véhémente de la longue décennie 1970 tout en ouvrant sur une volonté de connaissance de soi à travers un dialogue avec l'autre et l'ailleurs, cela est on ne peut mieux entériné par le fait qu'on en reprend le titre pour le premier "Forum sur la situation des arts au Canada français", tenu à Sudbury, Ontario, en 1998. Cette rencontre interdisciplinaire et intersectorielle a donné lieu à des actes de colloque dans l'introduction desquels Robert Dickson, l'un des principaux responsables de l'événement, explique la reprise du titre du film de Chiasson :

---

30 *Ibid.*
31 *Ibid.*

Transformant le titre de son film dans un autre contexte, celui du Forum, nous avons posé la question : "Toutes les photos finissent-elles par se ressembler ?" Voilà, à notre avis, un axe qui allait nous permettre d'englober les différents contextes régionaux et de concevoir des séances de travail où les réflexions des universitaires, des gens du terrain et des créateurs se jouxteraient, qu'il s'agisse de l'Acadie, de l'Ontario français ou de l'Ouest, comme du Grand Nord. En même temps, cette articulation pouvait justifier l'intitulé *forum*.[32]

D'emblée est soulevé ici un questionnement transversal ; d'emblée est enclenchée une dynamique d'échanges. Questionnement et échanges, tous deux mobilisés par la volonté de mieux connaître, de mieux *se* connaître en *se* comparant et en *se* contrastant avec les autres. Mais si questionnement et échanges et, partant, volonté de meilleure connaissance de soi il y a en 1998, c'est parce qu'il y a d'abord eu volonté de connaissance de soi, qui, elle, a une condition indispensable, à savoir une affirmation identitaire préalable de la part des différentes communautés francophones du Canada durant la longue décennie 1970. Car on ne peut espérer connaître ce qu'on n'a pas déjà affirmé.

L'esprit 68 : entre forces centrifuges et forces centripètes

Qu'il se déploie dans un milieu urbain ou rural, et quelles que soient la forme et la force de son coup d'éclat, l'esprit 68 a intrinsèquement déterminé la longue décennie 1970 dans le Canada francophone. Identifiable à la période post-big-bang de l'ancien Canada français, cette décennie a vu naître, apparaître ou s'imposer, dans l'ensemble de la francophonie canadienne, une multitude de créateurs et d'intervenants communautaires qui s'interrogent sur leur réalité, remettent en question leur quotidien, contestent le *statu quo*, tant et si bien que l'héritage de cette période déteint encore aujourd'hui sur les littératures et les cultures franco-canadiennes. Certains créateurs, en ressentant le poids de cette époque, adoptent une attitude nostalgique à son égard,[33] alors que d'autres, en la considérant comme une étape nécessaire mais révolue du cheminement de leur

---

32 Robert Dickson, Annette Ribordy et Micheline Tremblay (éds.), *Toutes les photos finissent-elles par se ressembler ? Actes du Forum sur la situation des arts au Canada français* (Sudbury : Prise de parole, 1999), p. 8.

33 À ce propos, Jimmy Thibeault souligne : "[L]e drame pour les auteurs qui écrivent à partir de la fin des années 1990 est peut-être que la génération de 1970 s'est instituée en figure mythique dont l'Acadie n'est pas prête à se départir comme elle l'a fait, du moins symboliquement, avec un certain folklore qui semblait emprisonner l'Acadie dans ses clichés. Le drame est peut-être aussi que la relève n'est elle-même pas prête à rompre avec ce 'cri de terre' rauque qui résonne dans une douleur si belle qu'on voudrait la faire sienne" ("Entre acadianité et mondialisation : l'expression du 'soi-Acadien' à

identité individuelle et collective, ne s'empêchent pas d'y référer de façon heuristique si leurs œuvres s'y prêtent. Prenons un exemple à l'appui : la comédie musicale *Clare dans un soir* qu'a créée, en juillet 2017, la Fédération régionale des arts et du patrimoine de la baie Sainte-Marie (FRAP). Inspirée d'événements marquants de Clare et recourant au dialecte de la région, cette comédie musicale renferme un acte sur le Collège Sainte-Anne, y compris une scène touchant à la grève de 1968, où Jean, à titre de préfet, téléphone à Yarmouth pour exposer son avis sur l'idée du déménagement de l'institution :

Jean :	[…] Hallo? N'a astheure Yarmouth, t'écouteras icette. La communauté de Clare a travaillé fort pour avoir son collège français. Le Collège Sainte-Anne, c'est point rinque un nic à dope, c'est un nic à apprendre ! Avant l'arrivée du père Sigogne par icette, le monde savait point lire ni écrire. Ça croyait dans des lutins pis des loup-garous *for God's sake*. On peut point avoir ça erneuf ! C'est le plus vieux collège francophone dans les Maritimes, pis ça va rester de même ! Essaye de nous prendre notre collège, pis j'allons serrer les bras ; de la Saumune jusqu'au Bas de la Rivière, j'allons faire un tintamarre qui va s'entendre jusqu'à Boston ! J'aimerais mieux brûler c'te place icette à bas avec un *flame thrower* que de ouare le Collège aller à Yarmouth, m'as-tu compris ? !
Téléphone :	[Voix inaudible de Charlie Brown]
Jean :	*Oh really? Sorry.*
	Jean raccroche.
Jean :	Mauvais nombre.[34] [*sic*]

Importance du Collège Sainte-Anne pour la communauté, enjeux de la grève de 1968, références aux connaissances générales des habitants, renvois à la géographie locale, usage de l'acadjonne, humour, tous ces ingrédients concourent à mettre en valeur le patrimoine de Clare sans conforter, pour autant, d'idées passéistes ou folklorisantes à son endroit. Il n'est donc pas surprenant que cette scène soit l'une des plus réussies de la création collective.

Sonder les manifestations de l'esprit 68 dans un espace périphérique, pour ne pas dire extra-périphérique, comme celui de l'Acadie permet, somme toute,

---

la rencontre de l'autre dans *Une lettre au bout du monde* de Jean-Philippe Raîche", @ *nalyses*, 14 | 1 (printemps–été 2019), pp. 30–31 <https://doi.org/10.18192/analyses. v14i1.4312>).

34 FRAP, *Clare dans un soir*, IV. 2 (Comeauville : FRAP, 2017). Je tiens à remercier Natalie Robichaud de m'avoir fourni le texte de cette création collective.

aussi bien de prendre acte de ses incarnations variées que de mieux démêler les rapports, plus ou moins souterrains, qui nouent l'ensemble de ses incarnations les unes aux autres, peu importent les distances spatiales et temporelles qui les séparent. Voilà qui suggère que chaque manifestation de l'esprit 68 arbore à la fois des traits généraux, qui la lient aux tendances centrifuges de protestations et de contestations mondialement partagées, et des traits spécifiques, qui la lient aux tendances centripètes de changements et de renouveaux caractéristiques d'un milieu particulier. Tout porte à croire alors que chaque avatar de l'esprit 68 s'avère à la fois multiple et unique, double nature dont il faut tenir compte si l'on ne veut pas exposer telle ou telle manifestation au risque d'une divagation ou d'une perdition sémantique.[35] "*Im Grenzenlosen sich zu finden, / Wird gern der einzelne verschwinden*",[36] écrit Johann Wolfgang von Goethe en incipit de son beau poème "*Eins und Alles*" (1821), vers qui soulignent on ne peut mieux la nécessité de cadrage et de mise en relation. Envisagés sous cet angle, les cheminements méandreux de l'esprit 68 s'apparentent à ceux, tout aussi ouverts, mais connexes, de la suite de Fibonacci. D'autant que, tout comme pour cette suite, ses signes échappent facilement à notre entendement lorsqu'il nous manque le recul nécessaire pour les apercevoir ; il suffira, pour s'en persuader, de songer au tableau *Parade de cirque* de Georges Seurat,[37] tableau où la suite de Fibonacci n'est perceptible qu'à l'œil averti. C'est là sans doute l'une des raisons pour lesquelles l'esprit 68 ne cesse, un demi-siècle après son coup d'envol, de se découvrir à nous sous de nouveaux jours.

---

35 Faute de tenir compte de cette double nature de l'esprit 68, le risque est grand que ses traits généraux obscurcissent ses traits spécifiques, ce qui pourrait engendrer des interprétations biaisées d'une incarnation particulière de cet esprit. C'est, à mon avis, la raison pour laquelle l'hypothèse suivante qu'émet Michael Poplyansky dans son étude, autrement informative, de la grève du Collège Sainte-Anne est difficilement tenable : "Même si certains [des étudiants de Sainte-Anne] adoptent un discours agressif dans la défense de leurs idées pendant leur grève, et même s'ils cherchent à se solidariser, au moins jusqu'à un certain point, avec des regroupements contestataires, [...] ils demeurent largement étrangers à la contreculture et aux idéologies de gauche, communément associées à la fin des années 1960 et au début des années 1970 [...]" ("Le 'moment 68' au Collège Sainte-Anne : la mentalité estudiantine au moment de la grève de 1968", *Historical Studies in Education/Revue d'histoire de l'éducation*, 30 | 1 (2018), p. 119).

36 Johann Wolfgang von Goethe, *Sämtliche Werke* (East Sussex: Delphi Classics, 2012), [n.p.] : "Quiconque se retrouve sans un espace sans frontières/Est porté à disparaître dans sa solitude" [je traduis].

37 Georges Seurat, *Parade de cirque*, 1887–1888, Metropolitan Museum of Art, New York. Cette peinture représente les premières composantes de la suite de Fibonacci (1, 1, 2, 3, 5, 8, 13).

Anna Clayfield (Chester)

"Vive la Révolution… tout de suite !" : la dimension internationale du militantisme armé au Québec dans les années 1960

Les années 1960 furent une période marquée par les changements sociaux. Le Québec n'a pas fait exception à la règle ; la victoire du Parti libéral aux élections provinciales de 1960 a entraîné une ère de grands bouleversements, plus connu sous le nom de Révolution Tranquille. Un grand nombre de réformes ont été votées sous le Premier ministre, Jean Lesage, notamment la mise en place d'un code du travail, la laïcisation de l'enseignement et la création des ministres de la santé et de l'éducation, parmi d'autres. Un regain pour le nationalisme québécois est alors apparu, fondé sur les idées de territoire et de langue française, ainsi que des appels lancés par la province, qui demandait son indépendance du reste du Canada.

C'était dans ce climat de perturbations sociales et économiques que le Front de libération du Québec (plus communément connu sous son acronyme, FLQ) a vu le jour. Sa première incarnation fut créée par un groupe de militants qui voulait accélérer les démarches pour l'indépendance grâce à des actions armées. Le FLQ n'a jamais été un groupe uniforme et identifiable, mais plutôt un réseau d'activistes armés qui changeaient sans cesse. Le réseau perdit et gagna des membres pendant toutes les années 1960 mais l'accent était mis sur la violence révolutionnaire car c'était pour eux le seul moyen de transformer le Québec en un État indépendant ; c'est ce qui unissait les divers communiqués du FLQ.

En mars 1963, le FLQ a mis à exécution son premier acte de guerre urbaine en faisant exploser des bombes dans trois baraques de l'armée canadienne à Montréal. Un mois plus tard, le 16 avril, le groupe sortit son premier manifeste : "Message du FLQ à la nation".[1] Employant le discours de la décolonisation qui circulait dans la province et dans la majorité du reste du monde à cette époque, le manifeste décrivait les Québécois comme des gens "colonisés […] politiquement, socialement, économiquement" et les invitait à prendre les armes avant de s'engager avec le mot d'ordre qui était commun à tous les

---

1 FLQ : *un projet révolutionnaire : lettres et écrits felquistes (1963–1982)*, ed. par Robert Comeau, Daniel Cooper et Pierre Vallières (Montréal : VLB, 1990), p.13.

mouvements séparatistes du monde : "L'indépendance ou la mort !".[2] Au cours
des sept années suivantes, le FLQ gagna en notoriété grâce à sa campagne
acharnée en faveur de bombardements contre les symboles du gouvernement
canadien fédéral et de la couronne britannique. Pourtant, sa plus grande action,
qui implique l'enlèvement de deux figures éminentes, aboutit à la crise d'Octobre de 1970, un incident politique et diplomatique majeur qui attira l'attention nationale et internationale sur le mouvement.

Malgré le fait qu'ils soient surtout liés au contexte politique du Canada
par leurs actions, les membres du FLQ se sont engagés de manière pratique
et intellectuelle avec un large spectre d'influences qui s'étendaient au-delà des
frontières du pays. En situant le FLQ dans un contexte plus global, ce chapitre
explore ces influences afin d'illustrer la dimension transnationale du combat
du FLQ. Alors que la France est vue comme l'épicentre de la rébellion et de la
résistance à la fin des années 1960, nous verrons que le métissage d'idées et de
stratégies émanant de l'Amérique a laissé une empreinte indélébile sur le militantisme armé dans cette zone particulière du monde francophone.

L'internationalisation du FLQ

Dès les débuts du mouvement, les textes écrits par les membres mettent l'accent sur les différentes luttes contemporaines et globales avec lesquelles le FLQ
étaient en accord, y compris le FLN algérien (Front de libération nationale) et
l'IRA, (l'Armée républicaine irlandaise). Le FLQ a souvent souligné qu'il était
parfaitement conscient qu'il n'agissait pas dans le vide et qu'une potentielle
convergence des luttes entre la libération du Québec et les mouvements venus
d'ailleurs aux objectifs similaires ne pouvait qu'amener des leçons pratiques et
précieuses, mais surtout un degré de légitimité. Cette sensation de faire partie
d'un vaste réseau international a continué de grandir après 1963, et est devenue
plus apparente avec le recrutement de Charles Gagnon et de Pierre Vallières,
deux activistes indépendantistes qui deviendront les deux membres les plus
importants et les plus respectés du FLQ. Les deux hommes ont secrètement
rejoint le mouvement en 1965, tout en continuant une campagne publique pour
la cause séparatiste. On convient généralement de dire que Gagnon et Vallières
ont aidé à intellectualiser le FLQ mais ils ont surtout veillé à ce que, ultérieure-
ment, les publications du mouvement soient plus idéologiques, et promeuvent
plus explicitement une forme de révolution marxiste. Ils étaient aussi en partie

---

2   *Ibid.*, p. 17.

responsables (Vallières en particulier) "d'internationaliser" le mouvement, dans la mesure où ils formulaient plus explicitement le parallèle entre la quête du Québec pour la libération et les conflits similaires dans un contexte global, afin d'attirer l'attention internationale pour la cause indépendantiste. Gagnon a écrit dans son article de 1966, explicitement intitulé "Violences, clandestinités et révolution", que "Le FLQ entend évidemment associer sa lutte à celle de tous les peuples opprimés par les USA, particulièrement ceux de l'Amérique latine, et même à celle de groupes d'Américains, les Noirs plus spécialement, qui en ont assez de l'exploitation".[3]

A cet égard, les deux écrivains ont gardé un œil attentif sur les événements qui se déroulaient à l'étranger à la fin des années soixante, y compris les manifestations déclenchées par les mouvements étudiants. Bien que leur combat fût explicitement armé et se différenciât donc de la cause et des méthodes de soulèvement des étudiants, ils ont reconnu que n'importe quelle activité contestataire qui questionnait le *statu quo* politique et social aidait à rendre légitimes leurs actions. L'ensemble des mouvements de gauche qui a gagné de l'importance dans les années soixante a fait sien un même langage révolutionnaire et rebelle qui en est venu à définir cette décennie. Jeremi Suri fait référence à cette approche en la qualifiant de "langue de désaccord" qui "a procuré des outils critiques pour les hommes et les femmes afin de défier le pouvoir de l'État."[4]

Dans un premier temps, Gagnon était méfiant du mouvement des étudiants du Québec, remettant en question ce pour quoi il œuvrait. À la suite de l'avancée de la manifestation menée par les étudiants contre le système à la fin de l'année 1967 et au début de l'année 1968, Gagnon déclare dans le journal des étudiants *Le Quartier latin* : "

> Quelle confiance peut-on accorder à des personnes qui se disent révolutionnaires, qui affichent leur sympathie pour la Révolution chinoise [...], qui aspirent à la société nouvelle, et pour qui tous ces objectifs ne valent pas une année, ni même une semaine, ni même une journée de cours réputés stupides ? [...] Vive la Révolution...tout de suite ![5]

Compte tenu des évènements à Paris en Mai 1968, Gagnon a cependant changé son raisonnement, faisant l'éloge des mouvements des étudiants des

---

3   Charles Gagnon, *Feu sur l'Amérique : Écrits politiques, vol. I (1966–1972)* (Montréal : Lux Éditeur, 2006), p. 28.

4   Jeremi Suri, *Power and Protest: Global Revolution and the Rise of Détente* (Cambridge, Mass.; London, England: Harvard University Press, 2003), p. 88.

5   Jean-Philippe Warren, *Ils voulaient changer le monde : Le militantisme Marxiste-Léniniste au Québec* (Montréal : VLB, 2007), p. 35.

deux côtés de l'Atlantique en ce qu'ils mettent à l'épreuve l'ordre établi. Dans son article provocateur, "Feu sur l'Amérique : proposition pour la révolution nord-américaine. Une Amérique à détruire, une Amérique à bâtir" (écrit pendant son emprisonnement et jugé trop provocateur pour être publié), Gagnon affirme : "Tant en Europe qu'en Amérique du Nord, c'est sans doute la jeunesse, et particulièrement la jeunesse étudiante, qui conteste le plus la société actuelle [...]. On reproche à cette jeunesse de ne pas savoir ce qu'elle veut et pourtant n'est-il pas évident qu'elle désire la destruction de l'Ordre établi : cela semble un objectif très clair."[6]

Comme si, tenant compte du précédent appel à l'action de Gagnon, les étudiants québécois ont lancé une grève inégalée en Octobre 1968, qui paralysa l'enseignement dans de nombreuses institutions ; deux tiers des cégeps étaient occupés et des manifestations ont eu lieu à l'Université de Montréal et l'Université Laval à Québec.[7] Inspirés par une diversité d'hommes et d'idées, allant de Che Guevara à Marx en passant par Mao, et similaires à leurs homologues parisiens, les étudiants n'ont pas seulement demandé une révision du système éducatif mais une révision des principes mêmes sur lesquels la société était fondée.

Vallières et Gagnon reconnaissaient que les mouvements étudiants faisaient partie d'un plus grand dispositif révolutionnaire mondial. Mais il convient de reconnaître qu'une grande partie des Québécois nationalistes entretenait des relations difficiles avec la gauche française pendant la fin des années soixante. La visite officielle de Charles de Gaulle à Montréal en 1967 posa problème et ne fit pas grand-chose pour améliorer la situation. Après que de Gaulle déclara son fameux "Vive le Québec libre" et montra de toute évidence son soutien pour la cause indépendantiste, les Québécois de gauche ont réaffirmé leur manière de voir de Gaulle comme un héros.[8] L'influent magazine politique de gauche *Parti pris* (1963–1968) – qui montrait ouvertement son soutien pour le FLQ – avait même affiché son image sur la couverture en déclarant que la France et le Québec avaient un destin lié.[9]

Cet éloge destiné à de Gaulle avait clairement séparé les activistes politiques québécois des étudiants parisiens de Mai 68, qui s'étaient ralliés contre le gouvernement du Président français et une grande partie de ce qu'il représentait.

---

6 Gagnon, p. 128.

7 Warren, p. 36.

8 Les premières publications du FLQ faisaient référence à la Résistance française comme une source d'inspiration, avec une édition qui a fait l'éloge de de Gaulle pour son appel au peuple français en mai 1940.

9 Sean Mills, *The Empire Within: Postcolonial Thought and Political Activism in Sixties Montreal* (Montréal: McGill-Queen's University Press, 2010), p. 66.

De plus, l'apparent accord de de Gaulle pour la cause séparatiste a simplement mis en avant la défaillance générale de la gauche française à reconnaître les droits de la province à la souveraineté. Vallières n'était pas connu pour être un francophile puisqu'il décrivait ses trois mois passés à Paris en 1962 comme un "véritable enfer" et les dirigeants français de gauche comme "les plus stupides du monde".[10] Il affirmait que le problème tenait au fait que la France de gauche imaginait que de Gaulle avait lancé le mouvement indépendantiste, sans avoir une connaissance préalable du mouvement de libération préexistant.[11]

Dans tous les cas, les indépendantistes du Québec se sentaient aliénés, pas soutenus et même freinés par la France de gauche. Le sociologue Gilles Bourque devine ce sentiment dans *Parti pris* en Septembre 1967 : la "France de gauche est pour le Québec de gauche ce que l'URSS est pour les guérillas de l'Amérique du Sud : une force d'inertie".[12] Bourque faisait référence ici au fait que l'accord de l'Union soviétique pour une "cohabitation en paix" avec les États-Unis signifiait qu'il militait contre les luttes armées en faveur d'une approche plus orthodoxe : obtenir le pouvoir politique grâce à des élections. Cette position entraîna une division à travers l'Amérique latine avec d'un côté les partis plus traditionnels, communistes de "vieille gauche", qui s'alignaient avec les Soviétiques et de l'autre "la Nouvelle Gauche" avec ceux qui étaient plutôt révolutionnaires.

Imiter Cuba : Guevara et le FLQ

Comme la gauche française a montré peu de soutien, Gagnon et Vallières ont été forcés de regarder dans des zones géographiquement plus proches de chez eux pour trouver des modèles qui pourraient leur montrer comment aller de l'avant afin atteindre l'objectif de la révolution. En ce sens, ils ressemblent à leurs homologues de la Nouvelle gauche d'Amérique latine, qui s'inspiraient aussi d'exemples de conflits armés qui s'étaient développés dans les Amériques. Dans ce contexte, les influences du FLQ étaient nombreuses et variées, encore que le mouvement du Black Power aux États-Unis avait des résonances très particulières pour les deux hommes. Gagnon a affirmé en 1966 que "le FLQ entend[ait] évidemment associer sa lutte à celle de tous les peuples opprimés par les USA, particulièrement ceux de l'Amérique latine, et même à celle de groupes d'Américains, les Noirs plus spécialement, qui ont en assez de l'exploitation".[13]

---

10 Pierre Vallières, *Nègres Blancs d'Amérique : Autobiographie précoce d'un terroriste québécois* (Montréal : Parti Pris, 1979), p. 212.

11 Mills, p. 65.

12 Mills, p. 66.

13 Gagnon, p. 28.

Vallières eu une manière encore plus explicite de faire passer ce message dans son livre intitulé *Nègres blanc d'Amérique*, publié en 1968, où il compare les exploitations des Canadiens français à celles subies par les Afro-Américains. Tout comme la plupart des membres du FLQ, Vallières était fasciné par le mouvement du Black Power et pensait que les Québécois et les Afro-Américains formeraient ensemble une "révolution" avant-gardiste en Amérique du Nord.

Pourtant, c'est la Révolution cubaine qui était au cœur de leur stratégie, un autre point commun avec les révolutionnaires potentiels d'Amérique latine. Plus précisément, la démarche entreprise par Che Guevara en faveur du conflit armé, qu'il a exposée dans son ouvrage *La guerre de guérilla*, a inspiré les propos du FLQ. Dans les années 1960, l'ouvrage de Guevara s'est répandu comme une traînée de poudre dans toute l'Amérique latine, surtout parmi les radicaux de gauche, car il a réussi à captiver les imaginations avec son idée centrale (mais quelque peu simpliste) qu'il était impossible d'alimenter une révolution en s'appuyant seulement sur "des conditions subjectives", c'est-à-dire la volonté subjective de secouer des révolutionnaires concernés.[14] Au lieu d'attendre que soient créées des conditions objectives menant à un soulèvement massif et populaire, comme le veut la conception révolutionnaire léniniste, un vrai révolutionnaire devrait agir immédiatement, même si le mouvement initial manquait à la fois de recrues et d'armes. Guevara persistait à dire que les petits groupes, ou les *focos* (foyers) de guérilleros, pouvaient très bien réussir à démarrer une guérilla dans les zones rurales en misant sur des tentatives de sabotage ainsi que sur le soutien éventuel d'une plus grande partie de la population. Plus tard, la méthodologie de Guevara fut développée par l'intellectuel français Régis Debray, dans son ouvrage *Révolution dans la Révolution ?* publié en 1967, dans lequel il a inventé le terme *foquisme* pour renvoyer à cette théorie importante de la guérilla.[15] La méthode *foco*, qui se veut simple et qui insiste avant tout sur les actions entreprises, rejette le besoin d'imaginer une idéologie inébranlable à laquelle le mouvement devrait adhérer. À la place, comme Guevara le revendiquait dans son essai de 1963 "La guerre de guérilla, une méthode" : "*La lucha (…) es la gran maestra*, la lutte est la grande maîtresse."[16]

Après la mort de Guevara en Bolivie en 1967, où il avait tenté de déclencher une guerre révolutionnaire, l'Amérique latine a assisté à une seconde vague de mouvements de guérilla. Sauf que cette fois-ci, à la place des montagnes, le

---

14 Ernesto Guevara, *La guerra de guerrillas* (Melbourne, Australia : Ocean Sur, 2006), p.13.

15 Régis Debray, *Révolution dans la Révolution ?* (Paris : Librairie François Maspero)

16 Ernesto Guevara, *Obras, 1957–1967, Tomo I : La Acción Armada* (La Habana : Casa de las Américas, 1970), p. 168.

théâtre d'affrontement était la ville. Pendant la première moitié de la décennie, l'échec accablant des actions entreprises par des groupes armés, basés, à l'instar de la révolte cubaine, dans des zones rurales, ainsi que les avancées techniques pour la lutte anti-insurrectionnelle, ont entraîné une modification de l'application des théories de Guevara, mais non son essence-même. Le plus grand précurseur – mais tristement célèbre – des mouvements urbains était le Mouvement de libération nationale – Tupamaros d'Uruguay (MLN-T), plus connu comme les Tupamaros, dont le membre fondateur, Raúl Sendic, a lui-même entrepris une visite bouleversante à Cuba pendant les années 1960.[17] Les tactiques des Tupamaros, dont les enlèvements et les vols à main armée, étaient aussi ostentatoires qu'influencées par les militants de gauches européens et latino-américains.

La vague d'actions la plus violente du FLQ, dans laquelle entre 50 et 60 bombes ont été posées dans la zone métropolitaine de Montréal, est apparue entre 1968 et 1970[18], coïncidant ainsi avec la montée de la guérilla urbaine dans la partie sud de l'hémisphère. Le FLQ s'est beaucoup inspiré des Tupamaros, mais les écrits de Gagnon et Vallières attestent plus clairement que c'était Cuba qui était au cœur de toutes les stratégies du mouvement. Pour ne citer que les exemples les plus révélateurs, Gagnon soutient, dans son article susmentionné de 1968 "Feu sur l'Amérique", que "le mouvement révolutionnaire fort et dynamique dont le peuple québécois a besoin ne se développera pas par suite de discussions interminables. La dynamique révolutionnaire ne réside pas dans la théorie laissée à elle-même. La voie révolutionnaire réside dans l'action révolutionnaire".[19] Ainsi, malgré la valorisation de la révolution socialiste qui a abouti à l'indépendance politique, Gagnon ne croyait pas que ce mouvement devrait perdre son temps à réfléchir au type de révolution auquel il devait adhérer, mais devrait plutôt penser comme Guevara : agir est ce qui importe le plus.

Cette attitude s'est fait ressentir dans les premiers écrits du FLQ. Dans sa "Déclaration des principes" de 1963, il a été déclaré que "le seul moyen propre à réussir pleinement l*entreprise de libération totale est la guerre révolutionnaire; nous devrons nous y engager. Nous déterminerons les événements au lieu de les attendre.".[20] Les années ont passé mais la stratégie du FLQ semble

17 Dirk Kruijt "Cuba and the Latin American Left: 1959–present", *Estudios Interdisciplinarios de América Latina y el Caribe*, 28.2 (2017) <http://eial.tau.ac.il/index.php/eial/article/view/1519> [page consultée le 3 de mars 2020]

18 Gerard Pelletier, *The October Crisis*, trad Joyce Marshall (Toronto: McClelland and Stewart, Ltd., 1971), p. 71.

19 Gagnon, p. 128.

20 *Lettres et écrits felquistes*, pp. 18–19.

avoir respecté de plus près le guide de Guevara. La publication du Front *La Victoire* dans une édition de 1967 était consacrée à établir des directives pour surmonter les difficultés des forêts de provinces. Il y est expliqué que "la forêt québécoise offre d'immenses possibilités a des petites unités de combat comprenant 6 à 12 hommes" et que l'intérêt de ces petits groupes, grâce au soutien de la population locale, était d'harceler et de disperser les forces fédérales pour ainsi créer un climat d'insurrection.[21] Sans faire référence à la méthode de Guevara de manière explicite, cette approche ressemblait quand même beaucoup à ce qui était présenté dans *La guerre de guérilla* : des petits *focos* qui exerçaient leurs activités dans un milieu rural avec pour objectif de gagner le soutien de la population locale et éventuellement de se répandre dans une zone plus large.

Cependant, c'était dans le travail de Gagnon et Vallières que l'influence cubaine se manifeste le plus. La dernière ligne du "Feu sur l'Amérique" de Gagnon a confirmé l'influence de la théorie du *foco*. Après avoir demandé la destruction des structures politiques et économiques d'Amérique du Nord, Gagnon conclut en affirmant : "le devoir d'un révolutionnaire est de faire la révolution".[22] Il a emprunté cette phrase à Fidel Castro dans son discours fondateur de 1962, la *Deuxième Déclaration de La Havane*. Pourtant, Gagnon ne le cite pas, pensant certainement que ses lecteurs feraient tout de suite le rapprochement. Le discours de Castro était bien évidemment un appel aux armes destiné aux Latino-Américains pour engendrer une révolution dans les États-nations concernés, représentant ainsi une attaque verbale véhémente de l'impérialisme d'Amérique du Nord.[23] Il a aussi très bien résumé en quelques mots l'approche volontariste qui visait à déclencher une révolution fortement promue non seulement par Guevara mais aussi par l'ensemble de la Révolution cubaine, dans les années 1960. L'accent a été mis sur le "devoir" pour exploiter une des valeurs majeures de l'identité cubaine, bien que l'idée de "faire" une révolution ait reflété parfaitement (du moins d'après l'histoire officielle) ce qu'il s'était passé dans les *sierras* de Cuba entre 1956 et 1959 et ait réconforté l'idée que Guevara s'était faite des actions armées.

Dans *Nègres blancs d'Amérique* de Vallières, on retrouve des échos similaires à la théorie du *foco*. Comme Gagnon, Vallières a beaucoup insisté sur les

---

21 Louis Fournier, *F.L.Q : Histoire d'un mouvement clandestin* (Montréal : Éditions Québec/Amérique, 1982), p. 143.

22 Gagnon, p. 157.

23 Fidel Castro, "Segunda Declaración de La Habana" [1962]. In *Cinco Documentos* (La Habana : Editorial de Ciencias Sociales, 1971), pp. 127–173.

conditions subjectives et sur le volontarisme au lieu de cette constante théorisation des fondations idéologiques du FLQ. Par exemple, il argumente que "l'important, pour les révolutionnaires du monde entier comme pour ceux du Québec, n'est pas d'attendre la révolution du développement naturel et soi-disant autonome des forces productives, mais d'organiser immédiatement la violence spontanée".[24] Plus loin dans le texte, il implore les Québécois de passer à l'action pour créer leur propre histoire : "n'attendons pas non plus de savoir avec précision ce que sera notre monde après notre révolution [...] nous sommes acculés à faire l'histoire chaque jour. N'attendons pas d'un messie de solution magique à nos problèmes. Réfléchissons, aiguisons nos outils, retroussons nos manches et tous ensemble, au travail ! [...] C'est par la force, et non par la résignation, la passivité et la peur, que nous deviendrons".[25] La dernière phrase du livre résume très bien l'approche révolutionnaire de Vallières qui s'inspire de ce qu'il s'est passé à Cuba : "Il faut maintenant passer à l'action".[26]

Il est ironique de constater que la période durant laquelle le FLQ a tenté de reproduire le langage de Guevara correspond au moment où la Révolution cubaine commençait à limiter ses tendances radicales. Au cours des années 1960, la Révolution n'a jamais hésité à promouvoir la lutte armée à travers les Amériques comme le seul moyen de se faire entendre. La *Deuxième Déclaration de La Havane* de Castro, mentionnée plus haut, était l'exemple parfait du dévouement inébranlable de ceux au pouvoir pour inciter la guérilla selon le modèle cubain. Des aides plus concrètes ont fait leur apparition sous la forme d'aide financière clandestine et de rassemblement pour des évènements, tels que le Tricontinental de 1966 et la conférence OLAS (l'Organisation latino-américaine de solidarité) à La Havane en 1967 qui ont réuni des représentants de différents mouvements révolutionnaires, originaires du monde entier. Les dirigeants ont même surnommé 1968 "l'année de la Guérilla héroïque", en hommage à Guevara qui fut assassiné en Bolivie en octobre 1967.

C'est aussi pendant l'année 1968 que la Révolution s'est progressivement rapprochée de l'Union Soviétique mais les deux ont eu des rapports plutôt mouvementés pendant les années 1960. Dans le but de se rapprocher de Moscou, la Révolution a arrêté d'apporter son soutien aux partis d'extrême-gauche étrangers (si cela n'offrait pas une assistance pratique et financière cachée). Ainsi, au moment où le monde était en train de vivre des soulèvements politiques

---

24 Vallières, p. 264.
25 *Ibid.*, p. 289.
26 *Ibid.*

et sociaux qui allaient bouleverser les fondements de nombreuses sociétés, la Révolution, qui représentait la révolution triomphante pourtant annoncée perdante, penchait plus pour l'orthodoxie. Le discours de Castro fut la preuve de ce changement de direction lorsqu'il avait déclaré soutenir l'invasion de la Tchécoslovaquie par l'Union Soviétique, qui avait cherché à réprimer le Printemps de Prague en août 1968.

En dépit de ce contexte, la campagne armée du FLQ présentait déjà des difficultés à Cuba étant donné son actuelle amitié avec le gouvernement canadien. À la fin des années 1960, l'île s'est retrouvée isolée dans l'hémisphère. La pression imposée par les États-Unis sur les nations d'Amérique latine a entraîné un renversement de situation où beaucoup ont tourné le dos à Cuba, ce qui a conduit à son renvoi de l'Organisation des États Américains en 1962. Le Mexique fut le seul à maintenir des relations diplomatiques avec l'île pendant toute la période d'après-1959 (ce qui correspond à la Guerre froide) aux côtés de son autre voisin au Nord, le Canada. Du côté de ce dernier, la raison pour laquelle il a pris position est que cela lui permettait de se détacher des États-Unis et d'affirmer son indépendance, en se montrant capable de résister aux pressions commerciales et diplomatiques.[27] Cette position s'est par la suite solidifiée avec l'élection du Premier ministre canadien Pierre Trudeau en 1968. Pendant tout son mandat, Trudeau s'est montré déterminé à établir une stratégie concernant la politique étrangère pour se libérer de l'emprise américaine et des contraintes imposées par la Guerre froide en général, en insistant tout particulièrement sur une coopération Nord-Sud.[28] L'amitié grandissante entre Trudeau et Castro à partir de 1970, qui s'est consolidée lors de sa visite à La Havane en 1976 accompagné de sa famille, a permis de construire des bases stables sur lesquelles des relations bilatérales solides entre les deux nations pouvaient continuer de se développer.

À cause de la grande admiration du FLQ pour la Révolution cubaine et de ses tentatives d'implanter la méthode *foco* sur le sol québécois, les dirigeants cubains, Castro tout particulièrement, se sont retrouvés dans une position difficile. Dans son discours de clôture lors de la conférence Tricontinentale à La Havane en 1966, tout le monde se souvient que Castro a confirmé la solidarité des Cubains envers tout mouvement révolutionnaire qui se battait contre

---

27   John M. Kirk, "Canada-Cuba Relations in the 1970s", in *Cuba's Forgotten Decade: How the 1970s Shaped the Revolution*, ed.Emily J. Kirk, Anna Clayfield et Isabel Story (Lanham, MD.: Lexington, 2018), pp. 55–69 (p. 57)

28   *Ibid.*, pp. 56–57.

les fléaux de l'impérialisme et de l'oppression aux quatre coins du monde.[29] Malheureusement, cette solidarité n'a pas atteint le FLQ, comme ses membres allaient le découvrir par la suite.

Cependant, Castro, directement impliqué, se retrouvera bientôt, sans le vouloir, à devoir gérer les conséquences des actions du FLQ. Après avoir décidé d'intensifier sa campagne de bombardements à la fin des années 1960, le FLQ connut l'apogée de ses activités armées avec la crise d'Octobre de 1970. La crise fait référence des enlèvements par deux unités différentes du FLQ : celui du commissaire du commerce britannique, James Richard Cross, et du Vice-Premier ministre et ministre pour l'Emploi et le Travail, Pierre Laporte. Ces enlèvements, qui semblent s'être inspirés des tactiques de guerre de la guérilla urbaine employée par des groupes tel que le Tupamaros, ont mené Trudeau à invoquer la Loi sur les mesures de guerre et à déployer des troupes fédérales à Montréal. Les ravisseurs de Cross, l'unité de Libération, a publié un communiqué le 7 Octobre comportant sept demandes au gouvernement canadien en échange de leur otage diplomate britannique. Ces demandes comprenaient la libération de prisonniers politiques, une rançon de 500 000 $, et une clause pour que le dernier manifeste du FLQ soit imprimé sur la première page de tous les plus grands journaux du Québec et lu dans une émission de télévision sur Radio-Canada.[30] Le communiqué prenait garde d'affirmer la solidarité inconditionnelle du FLQ envers les personnes de couleur noire et les mouvements de libération à travers le monde, notamment en Amérique latine, en Palestine et en Irlande du Nord, tout en saluant "les peuples cubain et algérien qui lutte contre l'impérialisme et le colonialisme sous toutes ses formes".[31] Le communiqué indiquait aussi que les prisonniers politiques devraient être transportés par avion à Cuba ou en Algérie. Le Manifeste en question (diffusé à la télévision à la demande du FLQ le 8 Octobre) a aussi conservé une saveur cubaine avec ses encouragements explicitement volontaristes : "Faites vous-mêmes votre révolution dans vos quartiers, dans vos milieux de travail. (…) Vous seuls êtes capables de bâtir une société libre".[32]

---

29 Fidel Castro, "Discurso pronunciado por el Comandante Fidel Castro Ruz, Primer Secretario del Comité Central del Partido Comunista de Cuba y Primer Ministro del Gobierno Revolucionario, en el acto clausura de La Primera Conferencia de Solidaridad de los Pueblos de Asia, África y América Latina (Tricontinental)" Teatro Chaplin, La Habana, 1e 15 de janvier 1966 <http://www.cuba.cu/gobierno/discursos/1966/esp/f150166e.html>[page consultée le 20 de février 2020]

30 Fournier, p.265

31 *Ibid.*

32 *Ibid.*, p.275

C'était signé à la manière cubaine avec "Vive le peuple cubain ! Vive Fidel ! Vive la révolution cubaine !"[33]

Le sommet de cette crise est arrivé quand, le 17 octobre, l'unité de Chénier a annoncé que Laporte était décédé dans des circonstances indéterminées pendant sa garde à vue. Maintenant qu'elle était la mieux placée pour négocier que ses membres puissent circuler en toute sécurité en dehors du Canada, sans quoi l'unité de Libération menaçait aussi de tuer Cross. Avec aucun autre pays enclin à accepter les ravisseurs, Cuba a éventuellement accepté d'offrir l'asile au *felquistes*, à leur compagne et leurs enfants. Cross fut libéré de prison en décembre 1970 et ses ravisseurs s'évadèrent à La Havane. La décision de Castro était à la fois un service à son ami Trudeau mais aussi un geste stratégique pour maintenir des relations cordiales entre les deux pays. Mais l'Union soviétique, qui était le principal allié de Cuba, a vu les choses différemment. Quelques mois après l'annonce de Cuba et son "alliance inébranlable" avec l'Union soviétique,[34] Castro fut fermement réprimandé par Moscou pour avoir enfreint de manière si évidente l'accord tacite qui imposait de ne pas s'immiscer aussi publiquement dans les affaires des mouvements de révolutions armées.

Cuba : la Terre promise ?

En tant qu'invités officiels du gouvernement cubain, les *felquistes* furent logés au luxueux Hotel Nacional à leur arrivée à Cuba, ce qui les mettait à l'écart de la vie quotidienne à laquelle faisaient face les Cubains tous les jours. Ces conditions les ont aussi mis à l'écart de nombreux autres exilés révolutionnaires qui se trouvaient à Cuba au même moment, particulièrement ceux arrivant clandestinement d'autres nations d'Amérique latine. Les membres exilés de Tupamaros, par exemple, étaient hébergés dans des logements rudimentaires, tels que des baraques, et ils étaient tenus à l'écart de la société cubaine pour ne pas attirer l'attention sur leur présence dans l'île.

Contrairement à leurs compagnons d'Amérique latine, les exilés Québécois étaient aussi autorisés à travailler, souvent comme traducteurs pour le journal national de Cuba *Granma*. Ce fut le cas pour le membre de l'unité Libération, Jacques Lanctôt, qui allait plus tard raconter son séjour cubain dans ses mémoires en 2011, convenablement nommés *Les Plages de l'exil*. Lanctôt décrit

---

33 *Ibid.*, p. 240
34 Louis E. Aguilar, "Immutable proclamations and Unintended Consequences", in *Cuban Communism*, 11e ed., ed. Irving Louis Horowitz et Jaime Suchlicki (New Brunswick, N.J.: Transaction Books, 2003) pp. 69–85 (p.79)

ses conditions de vie comme étant "presque princières", citant Mao Tsé-Tsung quand il dit "je me sentais de plus en plus comme un poisson dans l'eau".[35] Lanctôt est aussi tombé amoureux du climat des Caraïbes, voyant Cuba comme "un havre de chaleur où [il avait] été heureux", où son soleil tropical, la vitalité et la réceptivité de la culture cubaine et de ses habitants, lui avaient, tous les jours, donné beaucoup de force.[36] Il note également comment, d'une certaine manière, il était plus facile de vivre à Cuba qu'au Québec, vu qu'il était entouré de personnes qui partageaient ses idées sur le socialisme et la souveraineté.[37] À cet égard, Cuba lui a enseigné des leçons importantes sur les politiques marxistes et la façon dont la campagne armée du FLQ ne pouvait qu'être comprise comme une "goutte d'eau" dans un océan à cause du vaste contexte hémisphérique de la lutte anti-impérialiste.[38]

Les réflexions positives de Lanctôt font écho à un autre livre peu connu qui exprime les expériences des exilés du FLQ à Cuba dans les années 1970 : *De Cuba le FLQ parle*. Publié en 1975, il consiste en une série d'interviews avec deux *felquistes*, Alain Allard et Pierre Charette, qui ont détourné un avion commercial qui allait de New York à Miami pour le dévier vers Cuba. Ils ont passé dix ans sur l'île avant de rentrer au Québec. Cependant, ils n'ont pas joui des mêmes privilèges que les membres de l'unité de Libération, vu qu'ils ne sont pas arrivés à Cuba dans le cadre de l'accord spécial entre Trudeau et Castro. Ils ont décrit comment l'exil leur a permis d'apprendre ce que signifiait vraiment construire une société socialiste, ce qui leur a fait perdre un peu de leur idéalisme. Comme Lanctôt, ils ont aussi appris à placer leur combat dans un mouvement révolutionnaire international plus vaste. Globalement, les deux hommes ont affirmé que leur séjour à Cuba leur avait permis de prendre pleinement conscience des choses politiques et culturelles.

Malgré cette évolution personnelle et politique, il est clair que l'exil à Cuba n'a pas fait avancer la cause du FLQ au niveau pratique. Dès leur arrivée, les *felquistes* ont demandé un entraînement en guérilla urbaine avec l'objectif de secrètement retourner au Québec pour y susciter une guerre révolutionnaire. Les Cubains ont refusé. D'après Lanctôt, le gouvernement cubain n'avait aucune envie d'être identifié au FLQ, qui, à ce stade, commençait déjà à subir des divisions internes, s'exposant à un risque de rupture dans la relation Cuba-Canada. Lanctôt expliquait aussi que les Cubains semblaient complètement ignorer

---

35 Jacques Lanctôt, *Les Plages de l'exil* (Montréal : Stanké, 2010), pp. 153, 131.
36 *Ibid.*, p.144
37 *Ibid.*, pp. 50–51
38 *Ibid.*, p.52

l'existence de francophones au nord des États-Unis, et par conséquent, ne comprenaient pas pourquoi ils devaient se battre contre le gouvernement canadien. De plus, les autorités cubaines avaient apparemment saisi du matériel subversif appartenant à Lanctôt, notamment une copie du manifeste du FLQ. De nouveau, cette expérience se différencie de celle des exilés d'Amérique latine ; les militants d'Uruguay ou du Chili, par exemple, avaient reçu une formation militaire (en effet, une centaine de combattants qui aspirait à la guérilla s'était secrètement infiltrée dans les rangs des Forces armées révolutionnaires de Cuba). Leurs mouvements respectifs et leurs causes étaient reconnus et soutenus par le commandement cubain, quoique secrètement.

Ces mêmes exilés d'Amérique latine ont longtemps influencé les membres du FLQ. En effet, Allard et Charette ont reconnu qu'il y avait beaucoup d'avantages à vivre exilé à Cuba comparé à d'autres pays, grâce aux échanges qui leur ont permis d'inspirer des révolutionnaires à travers les Amériques. Ces échanges ont renforcé l'idée que leur propre mouvement possédait un caractère latino-américain tout en relevant de la culture québécoise elle-même. Allard et Charette soutiennent que les Québécois doivent s'identifier avec l'Amérique latine "parce qu'on est Latin, on est Québécois, on est Latino-Nord-Américain, parce qu'on est parti même de ce continent pour lequel on souffre en même temps que l'on profite de ses avantages, dans une certaine mesure".[39] Lanctôt écrit également : "J'étais québécois et, par conséquent, latino-américain. Nous partagions, du Nord au Sud, le même ennemi".[40]

En revanche, la période d'exil de Lanctôt à Paris, où il passera cinq ans de plus après avoir quitté Cuba en 1974, était un nouvel exemple de l'aliénation ressentie par les indépendantistes vis-à-vis de la France de gauche. Bien évidemment, reconnaissant que la France avait été généreuse envers lui et ses compagnons *felquistes*, il ne s'est néanmoins pas senti accueilli mais plutôt aliéné par le pays et ses habitants, tout comme Vallières plus d'une décennie auparavant. Comme le titre de ses mémoires le suggère, c'est finalement Cuba qui laissera le plus grand impact sur les anciens militants, sur du long terme.

Réflexions conclusives

Le mouvement FLQ fut de courte durée mais il est clair qu'il était à la recherche de son identité tout du long. Bien que ses objectifs aient été apparemment concrets (du moins pour obtenir l'indépendance du Québec), il eut des

---

39 Michèle Tremblay, *De Cuba le FLQ parle* (Montréal : Les Éditions Intel, 1975), p.75
40 Lanctôt, p. 155

difficultés à trouver une place parmi les multiples facettes et causes de révolte et de rébellion qui s'emparèrent du monde à la fin des années soixante. Certes, le manque d'unité du mouvement, ajouté à une certaine brièveté (il s'est éteint au milieu des années 1970), ne lui laissa pas assez de temps pour développer une idéologie plus solide, mais les spécificités du contexte québécois compliquèrent aussi les choses puisque le FLQ s'était aligné avec tout ce qui se passait dans le reste du monde tout en s'en séparant. Comme Alain Badiou l'avait démontré dans son histoire de la colonisation européenne et de sa composition d'identité diverses, le Québec est "marqué par des phénomènes qui sont irréductiblement particuliers mais qui ont aussi des caractères universels".[41]

En gardant ce contexte à l'esprit, il est normal que Cuba ait autant influencé le FLQ. L'accent de Guevara sur le volontarisme et l'action immédiate pour remplacer de longs débats idéologiques a naturellement attiré ceux qui étaient impatients de commencer le processus révolutionnaire. De plus, le mouvement était composé de membres dont le niveau d'éducation politique était très inégal. Dans ses écrits, le FLQ n'a jamais caché le fait qu'il puisait son inspiration chez Guevara et dans la révolution cubaine, en plus d'autres combats de libération. Comme démontré dans ce chapitre, le Front a très souvent cité les idées cubaines, comme le démontre l'emprunt de Gagnon à la *Deuxième Déclaration de La Havane* de Castro.

Ce qui est intéressant cependant, c'est qu'il semble que la théorie du *foco* ne soit mentionnée nulle part comme étant la méthode utilisée. Il n'y a pas non plus de référence directe au fait d'imposer le "foquisme" sur le sol québécois. La Révolution cubaine et Guevara sont désignés comme étant les références les plus marquantes d'un point de vue général, aux côtés d'autres figures, comme Mao Tsé-Tung et les Tupamaros. Dans ce contexte, le mouvement se différencie des groupes de guérillas d'Amérique latine qui n'ont pas eu peur d'exposer les avantages mais aussi les dangers d'adopter le "foquisme" comme stratégie privilégiée dans les États-nations respectifs.

Ne pas aborder la question de la théorie du *foco* était probablement intentionnel. Le FLQ craignait peut-être que mentionner un trop grand nombre de mouvements étrangers fût une distraction lorsque leur but ultime était d'indigéniser leur cause, présentant leurs campagnes comme une continuation de l'histoire québécoise qui comprenait beaucoup de moments difficiles contre les oppresseurs étrangers, en particulier les Insoumis Patriotes dans les années 1830. Ici, le FLQ s'est accordé avec d'autres mouvements des Amériques, ce qui

---

41 Alain Badiou, *Philosophy for Militants* (London : Verso, 2012), p. 85.

souligne encore que leurs combats étaient fondés sur une histoire de combat pour la libération nationale et non internationale. Louis Fournier soutient cette perspective, indiquant que les éditions de *La Cognée*, la maison d'édition officielle du FLQ jusqu'en 1967, aimait insister sur les spécificités géographiques de la province et en même temps sur les différentes influences du mouvement : "le Québec n'est ni l'Amérique latine, ni l'Afrique, ni l'Orient : il est en Amérique du Nord".[42]

Cet enracinement inextricable au Québec était minimal, toutefois, car une grande partie des membres clés du mouvement étaient déterritorialisés au sens pratique du terme, après l'acmé de la crise d'Octobre. L'exil à Cuba, que Lanctôt décrit comme le "cœur des luttes anti-impérialistes", semblait donner au membre du mouvement la sensation d'appartenance à une époque durant laquelle la société québécoise était en train de subir une profonde crise de conscience vis-à-vis de sa propre identité nationale.[43] Mise à part l'opportunité de se mêler aux aspirants révolutionnaires de toute l'Amérique latine qui parlaient tous la langue de la libération, un séjour à Cuba offrait aussi un bon aperçu d'un pays qui venait juste de se libérer de la domination néocoloniale, affirmant fièrement sa souveraineté et son identité culturelle sur la scène internationale. L'attirance de Cuba pour les *felquistes* s'explique aisément.

Alors que l'amour du FLQ pour Cuba n'était finalement pas partagé, une analyse de son engagement avec des idées émanant de cette île dans les Caraïbes est néanmoins importante pour mettre en avant les nombreux liens transnationaux qui existaient entre les mouvements des années soixante jusqu'aux années soixante-dix. Identifier ses liens permet, en retour, de mieux comprendre pour quelles raisons il y avait tout un monde d'idées et d'inspiration partagées extérieur au Mai 68 à Paris, et qui finalement avait eu un plus grand écho pour changer les manières de faire et de penser. Ainsi le mouvement a-t-il contribué à ce que l'historien uruguayen Aldo Marchesi a récemment décrit comme la tâche nécessaire pour "concevoir une géographie des années soixante qui engloberait non seulement sa territorialité mais qui reconnaîtrait également les épicentres multiples de cette décennie".[44]

---

42 Fournier, p. 59.
43 Lanctôt, p. 21
44 Aldo Marchesi, "The May '68 That Was Not May '68: Latin America in the Global Sixties". In *Verso Books* [online]. Verso Books, mis à jour le 24 mai 2018. Disponible : <https://www.versobooks.com/blogs/3846-the-may-68-that-was-not-may-68-latin-america-in-the-global-sixties>

Bibliographie

Aguilar, Louis E., "Immutable proclamations and Unintended Consequences", in *Cuban Communism*, 11th ed., ed. Irving Louis Horowitz and Jaime Suchlicki (New Brunswick, N.J. : Transaction Books, 2003) pp. 69–85

Alain Badiou, *Philosophy for Militants* (London : Verso, 2012)

Castro, Fidel, "Discurso pronunciado por el Comandante Fidel Castro Ruz, Primer Secretario del Comité Central del Partido Comunista de Cuba y Primer Ministro del Gobierno Revolucionario, en el acto clausura de La Primera Conferencia de Solidaridad de los Pueblos de Asia, África y América Latina (Tricontinental)" Teatro Chaplin, La Habana, le 15 de janvier 1966 http://www.cuba.cu/gobierno/discursos/1966/esp/f150166e.html [page consultée le 20 de febrero 2020]

Castro, Fidel "Segunda Declaración de La Habana" [1962]. In *Cinco Documentos* (La Habana : Editorial de Ciencias Sociales, 1971), pp. 127–173

Comeau, Robert, Daniel Cooper et Pierre Vallières, eds. *FLQ : un projet révolutionnaire : lettres et écrits felquistes (1963–1982)* (Montréal : VLB éditeur, 1990)

Debray, Régis, *Révolution dans la Révolution ?* (Paris : Librairie François Maspero, 1967)

Fournier, Louis, *F.L.Q : Histoire d'un mouvement clandestin* (Montréal : Éditions Québec/Amérique, 1982)

Gagnon, Charles, *Feu sur l'Amérique : Écrits politiques, vol. I (1966–1972)* (Montréal : Lux, 2006)

Ernesto Guevara, *La guerra de guerrillas* (Melbourne, Australia : Ocean Sur, 2006)

Guevara, Ernesto, *Obras, 1957–1967, Tomo I : La Acción Armada* (La Habana : Casa de las Américas, 1970)

Kirk, John M., "Canada-Cuba Relations in the 1970s", in *Cuba's Forgotten Decade: How the 1970s Shaped the Revolution*, ed. Emily J. Kirk/Anna Clayfield/Isabel Story (Lanham, MD. : Lexington, 2018), pp. 55–69

Kruijt, Dirk "Cuba and the Latin American Left: 1959–present", *Estudios Interdisciplinarios de América Latina y el Caribe*, 28.2 (2017) <http://eial.tau.ac.il/index.php/eial/article/view/1519> [page consultée le 3 mars 2020]

Lanctôt, Jacques, *Les Plages de l'exil* (Montréal : Stanké, 2010)

Marchesi, Aldo, "The May '68 That Was Not May '68: Latin America in the Global Sixties". In *Verso Books* [online]. Verso Books, mise à jour le 24 mai 2018. Texte disponible en ligne : <https://www.versobooks.com/blogs/3846-the-may-68-that-was-not-may-68-latin-america-in-the-global-sixties>

Mills, Sean, *The Empire Within: Postcolonial Thought and Political Activism in Sixties Montreal* (Montréal : McGill-Queen's University Press, 2010)

Pelletier, Gerard, *The October Crisis*, trad Joyce Marshall (Toronto : McClelland and Stewart, Ltd., 1971)

Suri, Jeremi, *Power and Protest: Global Revolution and the Rise of Détente* (Cambridge, Mass.; London, England: Harvard University Press, 2003)

Tremblay, Michèle, *De Cuba le FLQ parle* (Montréal : Les Éditions Intel, 1975)

Vallières, Pierre, *Nègres Blancs d'Amérique : Autobiographie précoce d'un terroriste québécois* (Montréal : Parti Pris, 1979)

Warren, Jean-Philippe, *Ils voulaient changer le monde : Le militantisme Marxiste-Léniniste au Québec* (Montréal : VLB, 2007)

Timo Obergöker (Chester)

Le Printemps québécois, un nouveau Mai 68 ?

En 2012, le Québec a vu un soulèvement estudiantin qui s'est transformé en une contestation populaire plus vaste. Au vu de la proximité temporelle avec les événements au Maghreb et en Syrie nommés le Printemps arabe, ce mouvement a rapidement été inscrit dans une certaine conjoncture contestataire mondiale. Depuis lors, ce terme renvoie à un mouvement universitaire d'une ampleur sans précédent, essentiellement dirigé contre la hausse des frais de scolarité de 1625 $ votée par le gouvernement du Premier ministre Jean Charest et sa ministre de l'Education Line Beauchamp, tous les deux membres du Parti libéral du Québec. Après des débuts timides en novembre 2011, la contestation prit un nouveau souffle en février et mars 2012. Le 22 mars eut lieu la plus grande manifestation étudiante de l'histoire de l'Amérique du Nord, réunissant 250 000 personnes dans les rues de la métropole québécoise.

Face à une constellation de contestations se compliquant tous les jours un peu plus, le gouvernement de Jean Charest vote la loi 78 qui limite les droits civiques fondamentaux et restreint le droit de grève dans les universités, prévoyant de lourdes sanctions pour toute infraction. Cette loi fut pourtant perçue comme une limitation illégitime des droits fondamentaux et elle déclencha une contestation encore plus vaste. Réunis sous le slogan "Ceci n'est pas une manifestation étudiante mais une société qui se réveille", les citoyens descendirent dans la rue, en mai et en juin 2012, contre cette loi surnommée la "loi-matraque" par ses détracteurs. D'ores et déjà, d'énormes manifestations se déroulèrent tous les 22 du mois à Montréal.[1]

Rapidement, la presse, française et québécoise, se mit à comparer les événements québécois avec un autre grand soulèvement populaire, Mai 68. *Le Point* parlait d'un mai 1968 québécois, *Le Journal de Montréal* l'abordait également de cette façon, le *Courrier international* célébrait Montréal, la ville-rebelle. *Le Devoir* parlait d'un Mai 68 en gros.[2] Quand bien même la notion de Printemps

---

1 Frédéric Jullien, "Le printemps érable comme choc idéologique", *Cultures et Conflits*, 87 (2012), pp. 152–159.

2 Stéphane Baillargeon, "Mai 68 en gros", *Le Devoir* (9 juin 2012) <https://www.ledevoir.com/societe/education/352083/mai-68-en-gros≥ ; "Le 'mai 68' de Québec et de Montréal", *Le Point* (24 mai 2012).

érable cherchait à établir une continuité dans un mouvement de contestation qui tel 1968 était un mouvement global, la continuité entre "Printemps érable" et "Printemps arabe" doit pour le moins être nuancée. Nous lisons dans un article du *Devoir* consacré à la question de cette filiation problématique :

> [...] le profil d'un étudiant en mai 1968 et celui d'un étudiant d'aujourd'hui n'est pas du tout le même. L'avenir qu'on lui propose, le destin probable, s'avère complètement différent. Aujourd'hui, ce qui est en jeu, c'est la préservation d'un acquis jugé raisonnable. [..] Dans les années 1960, il y avait un contexte social-révolutionnaire. Les jeunes lisaient des auteurs qui les encourageaient à révolutionner la famille, l'autorité, le travail, l'école, la sexualité. Il n'est plus question de ça.[3]

Malgré une densité idéologique divergente et un degré de politisation différent, on peut observer des vases communicants en effet saisissants entre les deux événements. Or, en dépit de ces parallèles frappants, il existe de profondes dissemblances structurelles.

Roland Barthes a publié en 1968, encore fortement imprégné par l'impression et l'urgence des évènements parisiens, un court texte *L'Écriture de l'événement* qui soulève la question des modalités d'écriture de cet événement tout en soulignant que "la conjonction polygraphique constitue peut-être son originalité historique".[4] Le texte de Barthes propose des jalons importants permettant de mieux cerner la spécificité du Mai parisien et par là du Printemps québécois. Barthes identifie trois modalités d'écriture propres à Mai 68 : la parole, le symbole, la violence. La première renvoie, selon le sémiologue, à l'immédiateté, la spontanéité de la couverture médiatique, tant et si bien que "le transistor devient l'appendice corporel, la prothèse auditive, le nouvel organe science-fictionnel de certains manifestants, mais encore, par la compression du temps le retentissement immédiat de l'acte, elle [la parole, TO] infléchissait, modifiait l'évènement, en un mot, l'écrivait : fusion du signe et de son écoute."[5] À cela s'ajoute une autre dimension, l'importance d'une parole omniprésente en tant que "parole conquise" pour une génération que Barthes envisage comme une "génération frustrée de parole" ; génération qui a, selon la formule saisissante de Michel de Certeau "pris la parole comme les révolutionnaires de 1789 ont pris la Bastille".[6] La deuxième modalité d'écriture identifiée par Barthes est celle qu'il nomme symbole :

---

3   Stéphane Baillargeon, "Mai 68, en gros", *Le Devoir* (9 juin 2012).
4   Roland Barthes, "L'écriture de l'événement", *Œuvres complètes*, t. 3, 1968–1971, pp. 46–51.
5   *Ibid.*, p. 47.
6   Michel de Certeau, *La Prise de parole et autres écrits politiques* (Paris : Seuil, 1994).

Même avatar symbolique pour la barricade : symbole elle-même, dès avant que la pre-mière fût construite, de Paris révolutionnaire, et elle-même lieu d'investissement de tout un réseau d'autres symboles, celui de la propriété, par exemple, loge désormais pour les Français, à ce qu'il est apparu, beaucoup plus dans l'auto que dans la maison. D'autres symboles ont été mobilisés : le monument (Bourse, Odéon), la manifestation, l'occupation, le vêtement et bien entendu, le langage.[7]

La modalité fondée sur le symbole s'inscrit donc à la fois dans une constella-tion historique dense et dans un réseau de significations avec lequel il établit des relations sémiologiques. C'est la dimension symbolique qui nous sert de point de départ pour notre analyse et dont nous nous attachons à explorer la profondeur historique mais aussi le réseau de significations qui se tisse autour. Or, avant de parler de Mai 1968 au Québec, il convient de s'attarder quelque peu sur la préhistoire de ces événements dans le Montréal des années 1960. Comme le note Sean Mills dans son étude *The Empire within. Postcolonial Thought and Political Activism in Sixties Montreal*, la plus grande ville du Québec devint, grâce à socio-historique unique, un véritable laboratoire de pratiques et de théories postcoloniales :

> *In reality the growing unrest in Montreal was the result of a growing movement of unrest that had begun years earlier. But this movement grew not only out of local conditions and circumstances; it was also forged with a deep knowledge of political, intellectual, and social developments around the world, and through an engagement with a global language of dissent.*[8]

Montréal étant un véritable creuset de quantités de mouvements anticolonia-listes des années 1950 et 1960 (le fait que le grand roman *Le Soleil des indé-pendances* de Kourouma soit d'abord publié au Québec avant d'être publié en France deux ans plus tard est loin d'être anecdotique), les mouvements indépen-dantistes y sont soumis à une double influence. Ils vont rapidement faire leur la rhétorique anticolonialiste des pays nouvellement indépendants et, proxi-mité géographique oblige, s'approprier toute l'étendue des idées en provenance des États-Unis marquées à la fois par la contestation estudiantine de Berkeley et par le mouvement civique afro-américain. C'est de cette double influence que témoigne le texte fondateur du mouvement indépendantiste *Nègres blancs d'Amérique* de Pierre Vallières dont le titre évoque l'influence profonde du *Civil Rights movement* américain. Pour Vallières, les Noirs du Canada, ce sont les

---

7   Barthes, p. 49.
8   Sean Mills, *The Empire within. Postcolonial Thought and Political Activism in Sixties Montreal* (Montréal : McGillUP, 2010), p. 61.

travailleurs francophones, appauvris, marginalisés, dépourvus de capital symbolique et réel. L'incipit du texte en donne le ton :

> Être un nègre, ce n'est pas être un homme en Amérique, mais être l'esclave de
> quelqu'un. Pour le riche Blanc de l'Amérique yankee, le nègre est un sous-homme.
> Même les pauvres Blancs considèrent le nègre comme inférieur à eux. […] Très sou-
> vent, ils ne se doutent pas qu'ils sont, eux aussi, des nègres, des esclaves, des nègres
> blancs. Le racisme blanc leur cache la réalité, en leur donnant l'occasion de mépriser
> un inférieur, de l'écraser mentalement, ou de le prendre en pitié. Mais les pauvres
> Blancs qui méprisent ainsi le Noir sont doublement nègres, car ils sont victimes d'une
> aliénation de plus, le racisme qui, loin de les libérer, les emprisonne dans un filet de
> haine […].[9]

Michèle Lalonde, à la suite de la lecture de l'ouvrage de Vallières (en mai 1968,
pendant que de l'autre côté de l'Atlantique se déchaînait la colère des étudiants
parisiens), va écrire son poème le plus célèbre, *Speak white*, qui sera présenté au
public lors d'un meeting de levée de fonds pour les prisonniers politiques du
mouvement indépendantiste.[10] Le poème, empreint de cet esprit postcolonial
dont il est question plus haut, oppose un "nous" (les opprimés francophones) à
un "eux" (les privilégiés anglophones), et il inscrit la souffrance des ouvriers québécois dans celle plus vaste de ceux que Frantz Fanon appela quelques années plus
tôt "les damnés de la terre". Le ton du poème laisse peu de place à l'ambiguïté :

> Speak white
> il est si beau de vous entendre
> parler de Paradise Lost
> ou du profil gracieux et anonyme qui tremble
> dans les sonnets de Shakespeare
> nous sommes un peuple inculte et bègue
> mais ne sommes pas sourds au génie d'une langue
>
> parlez avec l'accent de Milton et Byron et Shelley et Keats
>
> speak white
>
> […]
>
> qu'on vous entende
> de Saint-Henri à Saint-Domingue
> oui quelle admirable langue

---

9 Pierre Vallières, *Nègres blancs d'Amérique* (Montréal : Typo, 1994 [1968]), p. 61.
10 Pour ceux qui souhaitent se faire une image de l'énorme puissance émouvante du
   poème lu par l'auteure, je renvoie à cet enregistrement qui date de la *Nuit de la poésie*
   de 1970 : <https://www.youtube.com/watch?v=0hsifsVi2po&t=44s>.

pour embaucher
donner des ordres
fixer l'heure de la mort à l'ouvrage
et de la pause qui rafraîchit
et ravigote le dollar

speak white
tell us that God is a great big shot
and that we're paid to trust him

speak white
parlez-nous production profits et pourcentages
speak white
c'est une langue riche pour acheter
mais pour se vendre
mais pour se vendre à perte d'âme
mais pour se vendre[11]

Est-ce qu'il y a eu un Mai 68 au Québec ? Je dirais volontiers qu'il n'y a pas eu un, mais des Mai 68 au Québec. La Révolution tranquille, amorcée par la mort de Maurice Duplessis et l'élection de Lesage en 1960, va renforcer l'importance accordée au particularisme québécois notamment à la langue. Parallèlement, le Québec tentera de démocratiser l'accès au supérieur en se dotant des cégeps, institutions se situant à cheval entre éducation secondaire et tertiaire. Leur création en 1967 est l'un des piliers de la Révolution tranquille. En 1968, c'est dans les cégeps que va se concentrer le mécontentement des étudiants. Les étudiants des Beaux-Arts vont se joindre à la bataille et le drapeau rouge flottera sur l'École des beaux-arts de Montréal. Le mouvement indépendantiste, encore éparpillé, s'est trouvé légitimé et renforcé par le fameux "Vive le Québec libre" du général de Gaulle en juin 1967. La question linguistico-culturelle revint sur le devant de la scène le 24 juin 1968 à la veille des élections fédérales, jour de la Saint-Jean-Baptiste, pendant laquelle la présence de Pierre-Elliot Trudeau, ennemi notoire de l'indépendance, fut considérée comme une provocation. Des voitures brûlaient, une centaine de manifestants fut arrêtée par la police.[12] Paradoxalement cet événement inaugurera une nouvelle manière de célébrer la fête nationale québécoise :

---

11 Michel Lalonde, *Speak white* (Montréal : L'Hexagone, 1974), pp. 3–6 (p. 4).
12 Pierre Godin, *La Poudrière linguistique* (Montréal : Boréal, 1990), pp. 52–58 ; Pierre-Elliott Trudeau, *Mémoires politiques*, (Montréal : Le Jour, 1993) ; *Le Lundi de la matraque, 24 juin 1968*, (Montréal : Éditions Parti pris, 1968).

Le lendemain, le bilan de l'émeute sera de 292 arrestations dont celles de 81 mineurs, 123 blessés dont 42 policiers, auxquels il faut ajouter 12 auto-patrouilles brûlées, six chevaux blessés et une suspension, celle de Claude-Jean De Virieux, journaliste à Radio-Canada, qui avait osé manifester son indignation sur les ondes et décrire le défilé comme étant le "lundi de la matraque".

Ni Pierre Elliott Trudeau qui a été élu premier ministre du Canada le lendemain, ni Pierre Bourgault n'ont jamais manifesté le moindre remords pour l'émeute du 24 juin 1968.[13]

Les événements québécois s'inscrivent dans une temporalité plus longue que ceux de Paris : ils débutent avec le discours du général de Gaulle en 1967 et se terminent par la crise d'Octobre en 1970. Autre moment fort de cette vague contestataire : l'événement *Opération McGill français*, une suite de manifestations en 1969 qui visait à franciser la grande université anglophone, considérée comme un bastion du privilège anglophone. L'*Opération McGill français* représente une étape importante dans la mesure où le rapport entre pouvoir, langue et impérialisme est renégocié, la question éducative révèle alors toute son ampleur. Comme l'a formulé Sean Mills :

> Opération McGill français *represented an important moment in the development of oppositional politics in Montreal. It was the first in a series of mass demonstrations that made the claim that cultural deprivation could only be reversed if the root problems of capitalism and imperialism were opposed. Or, to put it another way, if an alternative North American society based on social justice and human dignity was to be built, the cultural and economic power of the English language was to be overcome.*[14]

Peu de recherches ont été consacrées à la dimension postcoloniale de Mai 68 à Paris. Nils Andersson, exception notable, met en exergue l'important éventail de publications sur la décolonisation qui forme un terreau important pour les mouvements contestataires à travers le globe.[15] C'est aussi l'expérience immédiate de la violence du mal-logement à Nanterre qui permet de mieux comprendre pourquoi la révolte commençait dans cette ville. Todd Shepard s'interroge dans un article sur la portée postcoloniale de Mai 1968 telle qu'elle transparaît dans certaines publications de l'extrême-droite.[16] S'il est indéniable que la réflexion postcoloniale amorcée durant la guerre d'Algérie a créé un terrain favorable à la

---

13 Jean-Claude Germain, "L'émeute qui a transformé la Saint-Jean Baptiste en fête nationale", *Le Devoir* (21 juin 2003).

14 Sean Mills, *The Empire within* (Montréal : McGillUP, 2010), p. ????

15 Nils Andersson, *Mémoire éclatée*. (Lausanne : Éditions d'en bas, 2016).

16 Todd Shepard, "L'extrême droite et 'Mai 68'", *Clio. Histoire, femmes et sociétés*, 29 (2009) < insérer l'adresse URL > [mis en ligne le 11 juin 2009, consulté le 30 avril 2019].

contestation en 1968, les raisons profondes n'en semblent pas moins imputables à des problématiques profondément françaises : expansion dans l'éducation mal gérée, décalage abyssal entre les formes de représentation politique du gaullisme et de nouvelles esthétiques de la contestation, sentiment général d'ennui.[17]

Au vu de l'intensité des débats autour de la décolonisation au Québec, l'influence des textes fondateurs de l'anticolonialisme (Fanon surtout) n'a pas besoin d'être explicitée : derrière cette dimension postcoloniale se font jour des vases communicants sémantiques qui se cristallisent dans la notion de "matraque". La matraque a fait son entrée dans la langue française par le biais de l'arabe ; elle désigne un bâton relativement court dont se servaient les Bédouins pour conduire les chameaux. Rapidement utilisée par la police comme un instrument de maintien de l'ordre public, la matraque fut omniprésente dans le discours public en France et se transforma vite en synecdoque de la violence policière. En effet, la matraque révèle, dans le contexte français, la violence policière héritée de la guerre d'Algérie, terminée depuis seulement six ans. Et comme Kristin Ross le fait remarquer dans *Mai 68 et ses vies ultérieures* lorsqu'elle analyse les récits de prise de conscience politique, c'est l'expérience directe de la brutalité policière, ressentie comme injuste et outrancière, qui pousse des jeunes à se solidariser avec le mouvement estudiantin :

> C'était un excellent enseignement sur la nature de l'État qui se maintient par la force d'une matraque, c'était l'éducation directe.

> J'en ai vu de près des bagarres, j'ai vu des flics se faire casser la gueule. Quand tu vois des flics détaler, ça te marque pour toute une vie. Pour moi mai 68 a commencé en sortant d'un appartement. C'était une des premières manifestations du Quartier latin. Les flics chargeaient. J'avais déjà entendu parler de ce qui se passait à Nanterre, mais c'était quand même très extérieur.[18]

Dans le contexte de la contestation étudiante, il était surprenant, dans l'ensemble discursif qui s'est constitué entre mai et juin 2012 au Québec, d'observer les multiples occurrences du terme *matraque*, désignant là aussi la matérialisation d'une violence de la part des forces de l'ordre ressentie comme inappropriée. Il faut également garder à l'esprit que le terme, dans le contexte québécois, renvoie à deux évènements majeurs des combats pour l'indépendance des années 1960 : d'abord le samedi de la matraque en 1964 lors d'une visite de Son Altesse royale au Canada ; ensuite la Saint-Jean-Baptiste de 1968 discutée

---

17 "La France s'ennuie" est le titre d'un article du *Monde* devenu emblématique : Pierre Viansson-Ponté, "Quand la France s'ennuie", *Le Monde* (15 mars 1968).

18 Kristin Ross, *Mai 68 et ses vies ultérieures* (Paris : Agone, 2010), pp. 43–44.

préalablement. Le terme semble donc profondément enraciné dans l'inconscient collectif où il renvoie à la violence capitaliste, complice du pouvoir anglophone qu'incarne pour beaucoup le Parti libéral. Lors d'un événement intitulé *Nous* (sorte de réactualisation du concept de la *Nuit de la poésie* de 1970), le chef de file du mouvement estudiantin Gabriel Nadeau-Dubois explique :

> Depuis 54 jours, je suis en grève. Depuis 54 jours, je suis en lutte. 54 jours de grève, 54 jours de matraques, de gaz, de poivre, moi, mes amis, mes camarades, les étudiantes et étudiants du Québec.[19]

Comme en 1968, la matraque symbolise une violence policière jugée inappropriée. En effet, le gouvernement votera dès le mois de mai une loi limitant sensiblement les libertés civiques et immédiatement cette loi 78 sera surnommée la "loi matraque". Elle va aussitôt attiser la contestation de ses détracteurs. Et il y aurait là une étude sémantique comparative à faire, qui tienne compte justement de la portée postcoloniale du terme, et puisse rétablir l'émergence de ce lexème au sein d'un triangle Alger – Paris – Montréal.

Autre parallèle frappant : l'importance de la musique populaire en tant que vecteur de la contestation.[20] Si en effet, la bande originale de Mai 68 était surtout marquée par les Rolling Stones et leur *Sympathy for the devil* (avec à la clé un film qui pérennisera l'esthétique de Mai 68), certaines chansons francophones étaient également présentes. Julien Clerc invita la jeunesse à "abolir l'ennui" dans sa chanson *La Cavalerie*, pour Renaud la France du Général était une salope qu'il était urgent de faire crever (*Crève salope !*), Jacques Higelin transporta son piano place de la Sorbonne où il se produisit sans cesse. Sheila quant à elle, se fit en quelque sorte la voix de la majorité silencieuse grâce à sa chanson *Petite fille de Français moyens*. Sans doute convient-il de rappeler que la chanson ayant battu tous les records de vente en 1968 est irrévocablement (et c'est sans doute heureux) tombée aux oubliettes, c'est de *Riquita* de Georgette Plana qu'il s'agit. Outre-Atlantique en 2012, la musique contribuait également à ce bain musical désormais indispensable pour "faire génération" et on va revenir sur ce sujet. Les chansons de Yann Perreau, notamment *Le Bruit des bottes* mais aussi l'hymne de la gauche française *On lâche rien* de HK et les Saltimbanks ont été relayées massivement par les réseaux sociaux ; à cela s'ajoute une

---

19 <https://www.youtube.com/watch?v=EdQvqsEYBO4&t=58s>.

20 Voir à ce sujet ma contribution au colloque *Mai 68. Protest-Provokation-Pop* de l'Université Johannes Gutenberg en Allemagne en novembre 2018 : "Mai 68 in der französischen Popmusik – On abolira l'ennui".

trentaine de chansons plus confidentielles, notamment celles chantées par la chorale de la grève.

Par ailleurs, on assiste de part et d'autre de l'Atlantique à un processus étonnamment rapide de canonisation de l'événement. À peine quelques semaines après la fin des événements, des publications de nature et de qualité divergentes ont vu le jour afin de d'étudier la dimension historique de ce qui vient d'advenir. Edgar Morin, Georges Lefort et Cornelius Castoriadis vont consacrer un texte aux événements, *Mai 68 La Brèche,* qui amène à s'interroger sur l'événement face au retour à la normale qui menace la survie de ce moment de liberté absolue. Claude Lefort l'admet sans ambages :

> "Le désordre nouveau" a été écrit à la hâte, sous le coup de l'événement, comme les autres essais de *La Brèche.* Ce texte porte trace d'une passion susceptible d'étonner les lecteurs qui le découvriront de nos jours. Je ne la renie pas, mais juge excessive ma confiance en l'avenir.[21]

L'immédiat post-68 a également vu la publication de *La Prise de parole* de Michel de Certeau, réédité à maintes reprises jusqu'à ce jour. Ce document est précieux en tant que témoignage des événements, mais aussi par sa capacité à sonder le processus de canonisation des événements, dans la presse entre autres, dès le mois de juillet 1968. Certeau insiste notamment sur la fonction cathartique, quasi-thérapeutique de ces écrits :

> En mai le silence des uns combinait avec la prise de parole des autres, rapport qui s'est inversé en juin. Signe quasi-physique d'un partage entre des options fondamentales, quelquefois insoupçonnées jusque-là et soudain révélées, qui divisaient dans leur épaisseur les mots eux-mêmes et rangeaient un vocabulaire apparemment identique sous des significations devenues incommunicables. L'irruption de la parole créait alors des différences irréductibles qui lézardaient le réseau continu des phrases et des idées. L'écrit semble vouloir correspondre à la volonté de recouvrir ou de surmonter ces béances. Il est texte, tissu. Il recoud. Il tend à combler, mais dans le silence de la lecture, de la solitude et du loisir, la distance qu'avait dévoilée, entre gens de même parti ou de même conviction, entre collègues de mêmes "idées" ou de même secteur, la parole indissociable d'un "face-à-face".[22]

De la même façon, de nombreuses publications tentant de faire le bilan sur le Printemps québécois ont vu le jour dans l'immédiat "après-2012". On peut citer le très beau livre *Je me souviendrai,* œuvre collective, qui contient des bandes

---

21 Claude Lefort, "Mai 68. Relecture (1988)", Edgar Morin, Claude Lefort, Cornelius Castoriadis, *Mai 68. La Brèche* suivi de *Vingt ans après* (Paris : Fayard, 2018), p. 274.
22 Michel de Certeau, *La Prise de parole* (Paris : Le Seuil, 1994), p. 79.

dessinées, poèmes, textes littéraires tous azimuts, cherchant à perpétuer le vent
de liberté qui souffle sur le Québec en 2012. Des photos avec des textes militants
publiés par les acteurs du mouvement estudiantin et civique seront publiées
dans le recueil *Carré rouge* de Jacques Nadeau. Sophie Yanow, étudiante états-
unienne qui se trouve à Montréal au moment des manifestations, va leur consacrer une BD intitulée *La Guerre des rues et des maisons*. Gabriel Nadeau-Dubois
revient sur les événements du printemps 2012 dans son essai *Tenir tête*.[23] Force
est de constater que de part et d'autre de l'Atlantique s'établissait la conscience
aiguë d'assister à un mouvement historique qu'il était urgent de pérenniser.

Une rébellion doit être belle, déployer une esthétique propre, immédiatement reconnaissable : beauté de la parole insoumise qui se décline par l'image
et le verbe. Les deux événements ont vu une multiplication de textes gra-
phiques : affiches, dépliants, banderoles de toutes sortes, et il est frappant de
constater les ressemblances entre l'esthétique des affiches québécoises et françaises ; en effet l'école de la Montagne rouge s'est largement inspirée de l'esthétique soixante-huitarde. Un examen succinct de l'esthétique littéraire qui s'est
déployée au Québec en 2012 va révéler sa dynamique propre qui réside, à mon
sens, dans un ensemble complexe de spécificités québécoises. Esthétique verbale qui dans le contexte parisien s'exprime par la poésie de circonstance, née
de l'urgence du moment. Dans le contexte québécois, j'étais frappé par la réappropriation de la parole poétique qui se manifeste notamment par l'omniprésence de certains poèmes de Gaston Miron et celle d'Emile Nelligan (au moins
sur le plan esthétique mais moins à un niveau proprement littéraire). L'une des
vidéos les plus regardées du Printemps québécois était une réappropriation du
poème *Speak white* devenu, grâce à la symbolique du carré rouge, *Speak red*.
Le texte fonctionne comme un pastiche parfaitement analogue à l'original de
Michèle Lalonde :

> Speak red
> Parlons d'éducation et de justice sociale
> Parlons du rapport Parent ou de la Révolution tranquille des luttes de nos prédéces-
> seurs pour des acquis aujourd'hui balayés
> Parlons de la déroute de notre gouvernement nous sommes une génération sacrifiée
> mais avide de savoir et d'une société plus juste où l'éducation n'est pas un luxe
> et quand vous really speak red quand vous get down in the streets

---

23 Collectif, *Je me souviendrai. Mouvement social au Québec* (Antony : La Boîte à bulles,
    2012) ; Jacques Nadeau, *Carré rouge* (Montréal : Fides, 2012) ; Gabriel Nadeau-Dubois,
    Tenir tête (Montréal : Lux éditeurs, 2013) ; Sophie Yanow, *La Guerre des rues et des
    maisons* (Montréal : La Boîte à bulles, 2013).

pour parler de vos idéaux et parler d'égalité des chances et du Québec que vous voulez
vôtre un peu plus fort alors speak red
haussez vos voix de citoyens de second-ordre.
Ils sont un peu durs d'oreille ils vivent trop près des patronats et n'entendent que notre
souffle depuis leur tour d'ivoire
speak red and loud qu'on vous entende de Montréal à la Côte-Nord
usez de votre admirable langue pour revendiquer demander des comptes refuser
qu'on vous ignore pour des histoires de chiffres et de lunettes cassées[24]

Autre élément frappant : l'omniprésence du poème de Gaston Miron *La route que nous suivons*. Grand poète de la Révolution tranquille, chantre du désir d'Indépendance, ce poète, engagé, total, profondément ancré dans la vie de la Cité. Comme l'a formulé André Brochu :

C'est, en somme, la question du devoir du militant, de ses obligations éthiques et communautaires, confrontées à son amour en lequel s'affirment d'abord ses aspirations individuelles, qui est ici posée et qui rappelle peut-être, très adouci, le fameux dilemme entre l'amour et l'honneur cher à l'héroïsme cornélien. Sans remonter aussi loin, on peut marquer ce que comporte de romanesque la situation énoncée par le poète militant, la situation de la militance elle-même dans un contexte national, historique, comme le nôtre. Il faut en effet se souvenir que le "combat devenu total", qui désigne le combat de libération nationale, n'a jamais rien eu de proprement militaire, au Québec et que le militant mironien, avec ses "camarades", ne prend pas part à une guérilla – de là le côté excessif et faux, pour ne pas dire fictif, des soldats d'octobre 1970, qui prenaient au mot la révolution québécoise. Peut-on dire que le poème de Miron appelle implicitement une radicalisation et une militarisation du combat ? Qu'il appelle l'instauration d'un ordre nouveau, où se poseraient les vrais problèmes de la révolution comme dans les grands romans de notre époque ? En tout cas, on ne peut lire les poèmes "militants" de Miron sans ressentir comme virtuelle la guerre qu'ils évoquent.[25]

La réactualisation ainsi que l'appropriation du patrimoine littéraire québécois dans le cadre d'un mouvement de contestation se situe au confluent de deux mouvements parallèles profondément ancrés dans l'imaginaire collectif. En effet, si l'on compare les frais de scolarité au Québec avec ceux en vigueur dans le reste du Canada, voire aux États-Unis, il faut reconnaître qu'ils demeurent relativement modestes. Pourquoi la question de l'accès à l'enseignement supérieur est-elle perçue comme le talon d'Achille du système éducatif québécois ?

---

24 <https://www.youtube.com/watch?v=zkbBeQ21d1c&t=54s≥>.
25 André Brochu, "Gaston Miron ou la contradiction illuminante – Jacques Rancourt – Hélène Dorion", *Voix et Images*, 36, 2 | 107 (2011), pp. 160–165.

Un petit retour vers les débuts du Canada permet de mieux appréhender les raisons profondes de l'importance accordée à cette question. En effet, à la suite du soulèvement des Patriotes en 1837–1838, la couronne anglaise commande un rapport portant le nom de son auteur qui va proposer un ensemble de solutions à la crise qui frappe de plein fouet le Bas-Canada : l'anglicisation forcée des Québécois, la réunification des deux Canada et quelques mesures sociales. Lord Durham analyse le malaise culturel des Franco-Québécois de la manière suivante :

> On ne peut guère concevoir nationalité plus dépourvue de tout ce qui peut vivifier et élever un peuple que les descendants des Français dans le Bas-Canada, du fait qu'ils ont gardé leur langue et leurs coutumes particulières. **C'est un peuple sans histoire et sans littérature.** La littérature anglaise est d'une langue qui n'est pas la leur ; la seule littérature qui leur est familière est celle d'une nation dont ils ont été séparés par quatre-vingts ans de domination étrangère, davantage par les transformations que la Révolution et ses suites ont opérées dans tout l'état politique, moral et social de la France. Toutefois, c'est de cette nation, dont les séparent l'histoire récente, les mœurs et la mentalité, que les Canadiens français reçoivent toute leur instruction et jouissent des plaisirs que donnent les livres.[26]

C'est donc à une situation d'aliénation culturelle aiguë à laquelle sont confrontés les Canadiens français : rarement en mesure de pratiquer la littérature anglophone, ils ont accès à la seule littérature franco-française que tout sépare des réalités outre-Atlantique. Il y aurait fort à dire sur la fausse perception sur laquelle s'appuie pareil jugement. Et la seule phrase retenue de ce rapport (et cela en dit long sur le degré d'insécurité culturelle subie par les Canadiens français) est celle du "peuple sans histoire ni littérature". À quelques exceptions, comme *Marie Chapdeleine* (œuvre que l'on doit effectivement à un Français) de Louis Hémon et *Menaud, maître-draveur* de Félix-Antoine Savard, des poèmes de Nelligan, la littérature québécoise n'a véritablement réussi à accéder à une plus grande visibilité qu'au moment de la Révolution tranquille. On peut toutefois considérer sa simple existence comme une victoire symbolique ; du fait de la négation même de l'existence d'une culture québécoise, la survivance d'une forme de poésie peut être considérée comme un triomphe sur l'oubli et l'assimilation. Cette victoire se manifeste clairement dans des textes littéraires utilisés de diverses manières dans les mouvements de contestation du printemps 2012, textes qui sont, de plus, fédérateurs, notamment *les bêtes féroces de l'espoir*, vers tiré du grand poème *La route que nous suivons* dans le recueil *L'Homme rapaillé*.[27] Le vers "Nous sommes

---

26 Lord Durham, *Le Remède au maux du Bas-Canada*, <http://www.axl.cefan.ulaval.ca/francophonie/Rbritannique_Durham.htm≥.

27 Gaston Miron, *L'Homme rapaillé* (Paris : Gallimard, 1999).

des bêtes féroces de l'espoir" fut cité par Gabriel Nadeau-Dubois lors de son discours à l'événement *Nous* à Montréal, constituant une des images iconiques du
mouvement : celle des jeunes étudiantes aux seins nus qui brandissent une pan-
carte sur laquelle est écrit "Nous sommes des bêtes féroces de l'espoir".

Et c'est ici que la spécificité des événements québécois se fait jour. En effet, si
les deux événements sont marqués par des composantes poétiques importantes,
force est de considérer que dans le contexte québécois le cadre de référence reste
essentiellement québécois. La prise de parole dont parlaient Roland Barthes et
Michel de Certeau doit être envisagée comme une prise de parole d'un groupe
social à qui précisément cette parole a été refusée pendant des siècles. Autour de
la notion de génération, une autre différence se dessine.

Faire génération ?

Dans son texte intitulé "Génération" publié dans *Les Lieux de mémoire*, Pierre
Nora insiste sur l'importance de Mai 68 dans un monde qui, dénué de relais
historiographiques, se dote d'autres relais pour établir ce que l'on serait tenté
d'appeler une conscience historique. L'historien affirme que :

> L'effacement du relais historiographique ne contribue qu'à souligner dans la dyna-
> mique générationnelle de 1968 et le contenu purement symbolique que revêt alors
> l'expression, l'aboutissement d'un vaste cycle historique, commencé précisément à la
> Révolution qui se clôt à ce moment-là. C'est l'émergence d'une génération à l'état pur,
> intransitif qui a fait apparaître la souveraineté opératoire et rétrospective de la notion,
> la constituant ainsi, d'entrée de jeu et en un sens premier, tout temporel, en lieu de
> mémoire.[28]

Nora poursuit son argumentaire sur la notion de génération en soulignant
que celle-ci est tout d'abord la déliquescence d'un ensemble de filiations dans
lesquelles s'inscrivait l'"homme avant", la famille, le village, la corporation.
Affranchi de ces dernières, l'homme postmoderne peut tout de même faire partie d'un mouvement, sentir une appartenance à quelque chose. Nora signale que
la surenchère des générations, émergées depuis 1968, est bien le résultat d'une
vacuité référentielle d'un homme qui n'est plus enraciné dans sa mémoire. La
génération est une chose à laquelle on peut s'identifier dès lors que toute autre
possibilité d'identification s'évapore. Le sentiment aigu de faire (partie d'une)
génération est actualisé régulièrement lors des commémorations de l'événement fondateur : la permanence de Mai 68 avec ses innombrables festivités

---

28 Pierre Nora, "La génération", Id. (éd.), *Les Lieux de mémoire*, t. III, 1, *Les France. Conflits
et partages* (Paris : Gallimard, 1996), pp. 930–970 (p. 932).

commémoratives est bien la preuve qu'une génération ayant acquis l'hégémonie discursive célèbre les changements dans la société dont elle se croit l'instigatrice. Je ne suis pas certain (mais peut-être que l'histoire prouvera le contraire) que le Printemps québécois soit un événement de la même envergure, que la province commémorera de manière systématique.

La fin des années 1960 et 1970, sous la bannière d'une même idéologie, a eu des effets contraires en France et au Québec. Si le Mai 68 parisien a effectivement privilégié les droits de l'individu sur ceux de la collectivité, les Québécois ont pris une décision courageuse (et nécessaire à leur survie en tant que société distincte) de faire abstraction des droits de l'individu. En votant la Charte de la langue française, devenue plus tard la loi 101, ils ont acté leur désir de survivre en tant que société distincte, fût-ce au prix de limiter la liberté linguistique de chacun. Dans l'un comme dans l'autre cas, à Paris comme à Montréal, cette période était vécue comme une énorme libération. Et bizarrement et sans doute paradoxalement, nous assistons aujourd'hui à la fin d'un cycle qu'avait inauguré Mai 1968. Les effets en sont à la fois similaires et dissimilaires. Pendant que les jeunes Québécois manifestaient en 2012 contre la hausse des frais de scolarité, de jeunes Français, catholiques pour la plupart, exprimaient leur désaccord avec le projet de loi accordant aux couples de même sexe le droit de se marier.

Bruno Parreau analyse très justement les ressorts soixante-huitards des affiches de la Manif pour tous.[29] En effet, les parallèles esthétiques entre 1968 et 2012–2013 sont aussi patents que voulus. La Manif pour tous, aussi nommée par certains Printemps républicain, est surtout l'emblème du hold-up de la droite républicaine par les mouvements catholiques, radicalisés depuis les années 1990. D'ailleurs on notera aussi les nombreuses références littéraires auxquelles recourt ce mouvement, avec ses Antigone et ses Gavroche. La Manif pour tous représente le début de la fin d'une droite gaulliste et laïque en France ; en quelques années les éléments libéraux se sont rapprochés dans leur vaste majorité du grand mouvement néolibéral La République en Marche. Outre-Atlantique on observe un changement analogue : si les combats classiques des années 1960 jusqu'aux années 1990 opposaient fédéralistes et souverainistes, cette distinction n'est plus guère opérante pour le conflit estudiantin de 2012. Les lignes de fuite qui se dessinent suivent davantage un axe "gauche anti-autoritaire et participative" vs "droite néolibérale", incarnée par le Premier ministre Jean Charest, marquant ainsi une certaine normalisation du paysage politique québécois. Dans l'un comme dans l'autre cas, les années 2012–201313

29 Bruno Perreau, *Queer Theory. The French response* (Palo Alto : Stanford UP, 2016).

semblent marquer plutôt la fin de quelque chose (enterrement de la société post soixante-huitarde en France, fin de la gauche indépendantiste au Québec).

En fin de compte, deux points paraissant fortuits ne le sont peut-être pas. Mai 68 était un printemps exceptionnel au niveau de la météo tout comme le printemps 2012 au Québec. L'espérance dont le printemps est porteur semble inciter à vouloir faire la révolution. Par ailleurs, on ne peut qu'être frappé par la ressemblance entre ces jeunes chefs de files, Daniel Cohn-Bendit ressemble dans ses jeunes années étonnamment à Gabriel Nadeau-Dubois : tous les deux ont choisi une carrière politique, Cohn-Bendit chez les Verts allemands, Nadeau-Dubois dans la formation de gauche Québec solidaire.

CONCLUSION

Une étude comparative de Mai 68 et du Printemps québécois en fait ressortir la dimension postcoloniale. Dans le contexte français, elle se manifeste dans le rejet d'un immobilisme et d'une violence politique tous les deux héritiers de la Guerre d'Algérie. Côté canadien, elle est le produit des années 1960 pendant lesquelles la ville de Montréal notamment se fait un laboratoire de la postcolonialité. De cette constellation hétéroclite découle un même questionnement qui se cristallise autour de la notion de "matraque", symbole d'une violence policière considérée comme excessive. En effet, tout un ensemble de marqueurs semble justifier la comparaison entre les deux événements : culture populaire, canonisation, sémantique postcoloniale.

Si les deux évènements ont une portée effectivement poétique, les évènements québécois font référence de manière très prononcée à l'héritage littéraire québécois, ce qui est une réponse tardive au rapport Durham, considérant les Québécois comme un peuple sans histoire, sans littérature. Et la véritable différence réside dans un sentiment prononcé de vulnérabilité et d'insécurité culturelle de la part des étudiants québécois. Par ailleurs, Mai 68 est devenu dans le monde d'aujourd'hui un conteneur vide et les symboles sont utilisés par de nombreux acteurs, de droite comme de gauche. Ainsi, en même temps que les jeunes Québécois manifestaient contre la hausse des frais de scolarité en recourant à une esthétique soixante-huitarde, cette même esthétique détournée a servi de toile de fond à la Manif pour tous.

Julien Jeusette

Revenances de Mai 68
Le roman noir et l'archéologie des luttes

> *How do we reckon with what modern history has rendered ghostly?*
>
> Avery F. Gordon, *Ghostly Matters*

Pour savoir comment hériter d'une révolte, il faut d'abord se demander ce que signifie "hériter" en révolution. Marx est très clair à ce sujet. Même en situation de crise révolutionnaire, écrit-il dans *Le 18 Brumaire de Louis Bonaparte*, "la tradition de toutes les générations mortes pèse d'un poids très lourd sur le cerveau des vivants".[1] Au lieu d'inventer un langage, des symboles et des pratiques à la hauteur de leur ambition – faire émerger un monde nouveau –, les révolutionnaires "évoquent craintivement les esprits du passé".[2] Si l'invocation des spectres a parfois été salutaire pour mener à bien des changements de régime, Marx avance que l'échec de 1848 provient entre autres du fait que le peuple n'a fait que *parodier* la Révolution française. L'énergie de la révolte s'est éteinte dans la répétition mortifère d'un imaginaire passé. Plus radicalement, le philosophe considère que la révolution véritable (celle qui abolira la société de classes) n'adviendra qu'à condition de se libérer de tout héritage : "la révolution sociale du XIXᵉ siècle ne peut pas tirer sa poésie du passé, mais seulement de l'avenir".[3] Contrairement aux bouleversements antérieurs qui, sous couvert d'une rhétorique de rupture, dissimulaient leur logique inégalitaire, la révolution prolétarienne accouchera d'un monde sans précédent historique – une épiphanie qui brisera le cycle des répétitions[4].

Cette idée développée au lendemain de l'échec démoralisant de 1848 doit être nuancée. Dans son livre sur la révolte spartakiste, Furio Jesi reproche à la tradition marxiste d'avoir trop souvent négligé la question du mythe, abandonnée

---

1 Karl Marx, *Le 18 Brumaire de Louis Bonaparte*, trad. G. Chamayou (Paris : Flammarion, 2007), p. 50.
2 *Ibid.*
3 *Ibid.*, p. 55.
4 Pour un développement plus approfondi de cette question, voir le chapitre 3 de Jean-François Hamel, *Revenances de l'Histoire. Répétition, narrativité, modernité* (Paris : Minuit, 2006). Cet ouvrage fondamental m'a inspiré le titre de cet article.

aux idéologues de droite. Pour le penseur italien, qui a commencé à écrire son ouvrage après avoir participé aux barricades de Mai 68 à Paris, le mythe a une fonction politique fondamentale, un pouvoir propre dont il s'agit de capter la puissance. Il rappelle ainsi qu'au cours de la révolte de 1919, l'extrême gauche allemande se réfère au nom et à l'imaginaire de Spartakus, le meneur du soulèvement des esclaves contre la République romaine. Pour Jesi, cette technique de "propagande"[5] est absolument nécessaire ; elle relève d'une "volonté politique de s'emparer, au sein d'un cadre déterminé d'images et de valeurs morales, d'une portion immédiatement utilisable du temps historique."[6] La captation d'un moment d'intensité ancestral dans le présent de la lutte renforce stratégiquement la mobilisation du collectif : sous les auspices de Spartakus, les partisans conduisent la révolte comme s'ils se libéraient des chaînes de l'esclavage. Il s'agirait dès lors non pas, comme le suggère Marx, de s'affranchir de toutes les superstitions, mais plutôt de choisir avec discernement les spectres que l'on convoque.

Or les fantômes de l'histoire mondiale auxquels nous pouvons faire appel sont tous d'anciens vivants qui ont été vaincus. En d'autres termes, avant que n'advienne la révolution sociale dont parle Marx, on n'héritera jamais que de l'échec. Karl Liebknecht et Rosa Luxembourg ont choisi de baptiser leur mouvement politique du nom d'une insurrection héroïque qui fut écrasée dans le sang ; par ailleurs, selon certaines interprétations, ils auraient tous deux accepté volontairement de mourir durant les soulèvements berlinois afin de devenir eux-mêmes de potentielles cristallisations mythiques pour les luttes à venir. La défaite est donc toujours provisoire, elle n'est jamais le signe d'une clôture définitive, mais une injonction à poursuivre ce qui a été à la fois possible et empêché. Néanmoins, pour ceux qui en font l'expérience et qui y survivent dans les périodes de restauration, il est difficile de ne pas céder au découragement. Le

---

5   Les rapports subtils entre mythe, propagande et expérience du passé dans le présent sont complexes dans l'œuvre de Jesi et nous ne pouvons pas ici rentrer dans les détails de l'argumentation. Notons simplement que l'auteur veut rendre ses lettres de noblesse au concept méprisé de "propagande" car, comme le mythe, il peut être porteur d'une vérité. Les mouvements politiques de gauche doivent s'en emparer, c'est-à-dire évoquer des "images ancestrales" qui parleront aux "composantes non rationnelles de la psyché" dans le but d'augmenter le nombre de partisans et d'amplifier les mobilisations. Furio Jesi, *Spartakus. Simbologia della rivolta* (Turin : Bollati Boringhieri, 2000), p. 12.

6   "*una volontà politica di racchiudere entro un determinato ambito di immagini e di valori morali una parte immediatamente usufruibile del tempo storico*". *Ibid.*, p. 15. Notre traduction.

traumatisme de juin 1848, comme l'a montré Dolf Oehler, est à la fois refoulé et secrètement repris sous les formes de la mélancolie et de l'ennui par la modernité littéraire.[7] La révolte spartakiste, quant à elle, est plus ou moins mise entre parenthèses dans les œuvres de Brecht, de Döblin et de Mann,[8] comme si elle était trop douloureuse pour être évoquée directement. Comment hériter de l'échec sans céder au découragement, telle est sans doute la question la plus urgente aujourd'hui – et ce depuis la fin des "années 68"[9] qui semblent signer l'avènement définitif du capitalisme sous toutes ses formes.

Hégémonie de la disparition

"Vous souvenez-vous de la révolution ?" En 1983, quinze ans à peine après Mai 68 et six ans après le grand mouvement italien de 1977, onze militants d'extrême gauche incarcérés à Rome (dont Toni Negri et Paolo Virno) signent, dans l'attente de leur procès, un long article porté par l'inquiétude de cette question. Non seulement l'ère des soulèvements semble arrivée à un terme, mais les événements pourtant si proches paraissent déjà, sinon tombés dans l'oubli, du moins enfouis, déformés par une historiographie réductrice – il s'agit alors pour eux de "briser le cercle vicieux de la distorsion et du conformisme mémoriel".[10] En opposition à ce consensus indissociable de la contre-offensive néolibérale, Nanni Balestrini et Primo Moroni composent, quelques années plus tard, une immense fresque, multiple et fragmentaire, de leurs années de luttes : *La Horde d'Or (1968–1977) : la grande vague révolutionnaire et créative, politique et existentielle).* "Il ne s'était pas passé beaucoup de temps et pourtant les plus jeunes ne savaient déjà plus rien de ce qui était arrivé"[11], déclarent les

---

7   Dolf Oehler, *Le Spleen contre l'oubli : Juin 1848* (Paris : Éditons Payot & Rivages, 1996), p. 22.

8   Furio Jesi, p. 100. Au sujet d'Alfred Döblin, qu'étonnamment Jesi n'évoque pas, voir Aurore Peyroles, "Révolution sur le mode mineur. *Novembre 1918* d'Alfred Döblin", Émilie Goin et Julien Jeusette (éds.), *Écrire la Révolution. De Jack London au Comité invisible* (Rennes : Presses Universitaires de Rennes, 2018), pp. 63–78.

9   Geneviève Dreyfus-Armand *et al.* (éds.), *Les Années 68. Le Temps de la contestation* (Bruxelles : Éditions Complexe, 2000).

10 Notre traduction. Le texte n'a pas été traduit en français, mais a été republié dans Toni Negri, *Revolution retrieved. Writings on Marx, Keynes, Capitalist Crisis and new Social Subjects (1967–1983)* (London : Red notes, 1988), pp. 229–245.

11 Nanni Balestrini et Sergio Bianchi, "Entretien", *in* "Journal de traduction" de 2008, publié sur le site consacré à *La Horde d'Or* <http://ordadoro.info/?q=content/journaux-de-traduction≥ [consulté le 20 mai 2019].

auteurs, de cet essai, publiés stratégiquement en 1987, un an avant les commémorations de Mai 68, pour dire, en opposition au travestissement de tout un passé, leur vérité.

En France, la situation est similaire. Dès 1975, le premier volume des *Révoltes logiques* de Jacques Rancière s'ouvre sur la question suivante : "Quelle mémoire aurons-nous ?" Ce futur préoccupé est conjugué au présent dix ans plus tard : dans son célèbre pamphlet contre les renégats de 1968, Guy Hocquenghem s'inquiète du fait que les jeunes de son époque soient tout à fait du passé récent – "Moi, Mao, Mai 68, connais pas".[12] La faute incombe, selon le philosophe, à plusieurs anciens soixante-huitards qui contrôlent ou occupent les médias : devenus chefs d'entreprise, journalistes à succès ou "nouveaux philosophes", ils clament haut et fort le reniement de leur jeunesse et en appellent, contre toute vision utopique (qui serait toujours totalitaire), au réalisme. Cette confiscation de l'avenir – ils "barrent résolument la route à tout ce qui est né après eux"[13] – a pour principe l'occultation des révoltes passées : "Le tabou, d'une manière générale aujourd'hui, ce sont toutes les idées, dites de Mai 68 ou contestataires."[14] Bien avant Fukuyama, l'idéologie de la fin de l'Histoire s'installe.

En France et en Italie, les situations mémorielles et l'inquiétude des militants sont donc semblables, si ce n'est que les déformations sont peut-être plus radicales dans l'hexagone, dans la mesure où l'historiographie française, contrairement à l'italienne, n'avait pas à intégrer d'attentats terroristes à la relecture des événements. En d'autres termes, il était plus simple de "désamorcer [l]a menace"[15] en France : Mai 68 pouvait être présenté comme un mouvement fugace, bien localisé dans le temps, au cours duquel une bande de joyeux étudiants protesta contre quelques interdits d'un autre âge. Les immenses grèves, l'anti-impérialisme, la violence et les luttes ouvrières sont ainsi balayés de l'Histoire.[16] En somme, au

---

12 Guy Hocquenghem, *Lettre ouverte à ceux qui sont passés du col Mao au Rotary* (Marseille : Agone, 2014 [1986]), p. 41.

13 *Ibid.*, p. 14.

14 *Ibid.*, p. 211.

15 François Cusset, *Contre-discours de Mai : ce qu'embaumeurs et fossoyeurs de 68 ne disent pas à ses héritiers* (Arles : Actes Sud, 2008), p. 15.

16 Aux États-Unis, si l'on en croit Jameson, l'effacement est plus radical encore : "l'effort actuel, et qui est à l'œuvre partout aujourd'hui, pour construire une espèce de nouvelle contre-révolution culturelle conservatrice" se traduit par la volonté "d'éliminer les années soixante et ce qui reste de leur héritage". Fredric Jameson, *Le Postmodernisme ou la logique culturelle du capitalisme tardif*, trad. Florence Nevoltry (Paris : Beaux-arts de Paris, 2011 [1991]), p. 108.

cours du "grand cauchemar des années 1980",[17] le rapport au passé se modifie de deux manières, politiquement indissociables. D'une part, une certaine mémoire de gauche est rejetée, et d'autre part, le passé dans son ensemble est mis à distance,[18] dilué dans un présent étale. Annie Ernaux, pour qui 1968 avait été "la première année du monde",[19] saisit dans une formule frappante cette nouvelle donne historique : "Nous n'étions contemporains que de nos enfants".[20]

À cette époque où l'idée même d'héritage semble devenue obsolète, maintenir présent un passé qui fait l'objet d'un effacement délibéré exige l'investissement de lieux et de formes en marge des voies institutionnelles. Comme un pied de nez au "désert militant"[21] de ces années, plusieurs écrivains issus de la gauche radicale s'attellent alors à ranimer le souvenir des luttes dans un genre littéraire particulier : le roman noir. Ce faisant, ils "attise[nt] dans le passé l'étincelle de l'espérance"[22] ou, pour le dire avec Jesi, ils rendent accessible aux lecteurs un contenu historique potentiellement mythique.

Le roman noir soixante-huitard

"Deux ou trois ans après 1968, l'apparition d'un 'nouveau polar' français (que nous nommerons néo-polar, pour des raisons que nous donnerons) fait écho à la réapparition éclatante de l'Histoire sur les chaussées dépavées de Paris et d'ailleurs".[23] Alors que la critique littéraire répète souvent que Mai 68 a profondément ébranlé le rapport des écrivains à l'écriture, sans véritablement engendrer

---

17 La formule est de François Cusset. Il analyse en détail cette période de contre-révolution : "On est passé en effet, en quelques années, de la détestation des puissants à la passion du pouvoir, du *non* systématique de la contestation au *oui* extatique de l'assentiment, de la candeur et de l'intransigeance d'un soulèvement imminent aux postures d'un aplatissement servile.", *La Décennie : le grand cauchemar des années 1980* (Paris : La Découverte, 2008), p. 9.

18 Rappelons que c'est à cette époque que Pierre Nora publie les premiers volumes des *Lieux de mémoires*, dont l'introduction prend longuement acte de la disparition de la mémoire : "Il y a des lieux de mémoire parce qu'il n'y a plus de milieux de mémoire." Id. (éd.), *Les Lieux de mémoires* (Paris : Gallimard, 1997), p. 23.

19 Annie Ernaux, *Les Années* (Paris : Gallimard, 2008), p. 109.

20 *Ibid.*, p. 151

21 François Cusset, *La Décennie*, p. 192.

22 Walter Benjamin, "Sur le concept d'histoire" [1942], *Œuvres*, t. 3 (Paris : Gallimard, 2001), p. 431.

23 Jean-Patrick Manchette, "Les tueurs de grenouilles", *Charlie mensuel* (novembre 1979), repris dans *Chroniques* (Paris : Rivages, 1996), p. 81.

une littérature qui en porte la trace,[24] Jean-Patrick Manchette établit ici un lien explicite entre les événements de mai et le renouvellement d'une forme littéraire. Il faut bien voir, cependant, que cette chronique de 1979 comporte une dimension performative, dans la mesure où, au moment de sa parution, aucun des romanciers que l'on associera ensuite à la génération du "néo-polar" n'a encore publié : Frédéric Fajardie publie son premier roman en 1979, Didier Daeninckx, Thierry Jonquet et Jean-François Vilar en 1982, Jean-Bernard Pouy en 1983. En d'autres termes, Manchette parle de ses propres romans, dont le premier est paru en 1971 ; il offre ainsi aux écrivains à venir une identification générique possible, tout en s'en proclamant *de facto* chef de file.

Nés dans les années 1940 et ayant participé activement à Mai 68 (Parti communiste, trotskisme, maoïsme, anarchisme), les écrivains du "néo-polar" partagent un passé d'extrême gauche qui transparaît dans la trame de leurs romans. Outre ces traits générationnels communs, il est difficile d'établir précisément ce qui sépare le *nouveau* polar de ses prédécesseurs américains, et surtout français : les œuvres de Jean Amila, l'un des premiers auteurs français à publier dans la "Série noire" (1950), témoignaient déjà d'un rapport engagé à l'Histoire. Avec *Le Grillon enragé* (1970), Amila est par ailleurs le premier écrivain à faire d'un ancien soixante-huitard le protagoniste d'un roman noir. Le "néo" de Manchette doit ainsi se comprendre avant tout comme un geste discursif de rupture qui prend acte du bouleversement de Mai 68 – on ne peut plus écrire comme avant – tout en s'inscrivant malgré tout dans une tradition établie. Plutôt que d'interroger le bien-fondé de la nouvelle catégorie générique, il convient ici de saisir les raisons pour lesquelles le roman noir est, à cette époque, l'une des seules formes littéraires à maintenir explicitement une mémoire de gauche.

Kristin Ross ,dans son ouvrage sur Mai 68, propose une réponse en avançant que le crime capital, pour ces auteurs, est l'effacement du passé récent ; la forme romanesque de l'enquête contribue dès lors à "retrouver ce qui a été perdu ou désigner les criminels ou les forces responsables de cette dissimulation".[25] Cette hypothèse est séduisante, mais les enquêtes, dans ces romans,

---

24 Voir à ce sujet Patrick Combes, *La Littérature et le mouvement de Mai 68* (Paris : Seghers, 1984). Dans l'un des premiers ouvrages à prendre au sérieux la dimension politique de Mai 68, Kristin Ross va dans le sens de Manchette lorsqu'elle affirme que le roman policier ("the detective story") est l'une des seules formes littéraires à véritablement hériter de mai.

25 Kristin Ross, *Mai 68 et ses vies ultérieures,* trad. Anne-Laure Vignaux (Paris : Éditions Complexes, 2005), p. 155.

ne portent pas toutes sur un passé confisqué. Il y a sans doute des raisons plus concrètes au choix de ce genre, à commencer par la filiation. En publiant dans la "Série noire" ou dans des collections semblables, les écrivains s'inscrivent dans une tradition critique : contrairement au roman policier qui est souvent politiquement conservateur,[26] le roman noir se situe en effet originairement du côté de la critique sociale. Il naît dans un contexte de crise, aux États-Unis, au moment où se développent la corruption et le crime organisé. "La période la plus dégueulasse et meurtrière des temps modernes est l'âge d'or du polar",[27] écrit Manchette. Dans les romans de Dashiell Hammett et de Raymond Chandler, par exemple, il ne suffit plus de trouver le coupable pour rétablir l'ordre social : le crime est tentaculaire, et avec le développement de la corruption, la lecture manichéenne du monde ne tient plus. Cet univers sombre conjugué à la critique sociale correspondait sans doute bien au climat politique et au désenchantement du début des années 1980. Le choix de ce genre semble d'ailleurs répondre à une attente : la reconnaissance des écrivains du "néo-polar" est spectaculaire.[28]

Au-delà de la dimension critique qui perdure jusqu'à aujourd'hui,[29] il faut souligner que le roman noir est avant tout un genre populaire, accessible non seulement au niveau de la forme, mais également au niveau du prix, puisque les textes sont immédiatement publiés en format "poche". Ces écrivains engagés à gauche peuvent ainsi proposer une vision du monde politisée à un lectorat *a priori* en quête de divertissement, sans risquer d'être accusés d'élitisme – ce qu'ils reprochaient par ailleurs à la "littérature en col blanc".[30] Enfin, l'état du

---

26 Rappelons la critique du genre par les surréalistes : "800.000 personnes lisent chaque semaine [*Détective*], sans que nul n'ait jamais élevé la moindre protestation. Il faut donc croire que cette année infâme, 1929, porte le képi et le bâton blanc et qu'elle est vêtue du drap de corbillard dont on habille ces messieurs. [...] On nous prépare une belle génération de petits salops". Georges Sadoul, "Bonne année ! Bonne santé !", *La Révolution surréaliste*, 12 (1929), p. 47.

27 Jean-Patrick Manchette, *Chroniques*, p. 30.

28 Voir l'analyse sociologique d'Annie Collovald et Éric Neveux, "Le 'néo-polar'. Du gauchisme politique au gauchisme littéraire", *Sociétés & représentations*, 11 (2001), pp. 77–93.

29 Voir les romans de Dominique Manotti, de Gérard Delteil ou de Fred Vargas (qui a par exemple défendu Cesare Battisti, lui-même auteur de romans policiers).

30 "Je trouve assez que le roman noir, à l'envers de nos nombrils de Français bien nourris, continue à porter les germes d'une critique sociale comme il n'en existe à aucun étage de notre littérature en col blanc." Jean Vautrin, "Le roman noir, espace libre et enragé", *Les Temps modernes*, 595 (1997), p. 131.

champ littéraire est un autre facteur pouvant expliquer l'investissement du
roman noir par ces auteurs : dès lors que la littérature engagée est dévalorisée
par les circuits "dominants",[31] les écrivains n'ont d'autre choix que d'intégrer
des formes moins consacrées. *Meurtres pour mémoire* de Didier Daeninckx,
l'un des premiers livres à évoquer le massacre des Algériens à Paris sous le préfet Papon, est refusé par de nombreux éditeurs avant d'être finalement publié
dans la "Série noire".

Si ces auteurs s'accordent à dénoncer le pouvoir dominant et les injustices,
à mettre au jour les non-dits de l'Histoire officielle, les bavures policières et les
arrangements entre l'État et l'extrême droite, tout en témoignant d'un intérêt
sincère pour les marges, les tonalités diffèrent. Entre le sérieux de l'historien
(Daeninckx, Vilar) ou du sociologue (Jonquet) et la distance parfois ironique
(Manchette), voire ludique (Pouy), le rapport aux luttes n'est pas identique,
même si ces textes sont souvent conçus comme des "roman[s] d'intervention
sociale".[32] Compte tenu de l'immense production de ces écrivains (Pouy comp-
tabilise à lui seul plus de cinquante romans), il n'est pas évident de donner un
aperçu général des mémoires de gauche que transmettent ces textes. Si l'on se
concentre sur Mai 68, on s'aperçoit qu'à l'instar des écrivains, de nombreux
personnages y ont fait leurs premières armes politiques – certains ont mal
tourné, quelques-uns poursuivent la lutte, d'autres sont mélancoliques –, mais
relativement peu de romans ont les événements pour sujet principal.[33] Pour saisir précisément la manière dont le genre en travaille le souvenir, il convient de se
tourner vers un recueil collectif de nouvelles "noires" publié à la fin des années
1980, pour les vingt ans de Mai 68. Tous les écrivains cités jusqu'ici y ont participé sauf Jean-Patrick Manchette.

---

31 "Je ne trouvais pas dans la littérature dominante des années soixante-dix, à une
    époque pourtant très occupée par le politique (guerre du Vietnam, événements de
    Prague d'août 1968, Cuba, le Che), ces préoccupations-là." Annie Collovald, "Entre-
    tien avec Didier Daeninckx : une modernité contre la modernité de pacotilles", *Mou-
    vements*, 15–16 (2001), p. 9.
32 Jean-Patrick Manchette, *Chroniques*, p. 12.
33 Citons entre autres : *Spinoza encule Hegel* (1983), *La Belle de Fontenay* (1992) et *Mai
    soixante huîtres* (2008) de Jean-Bernard Pouy ; *Rouge c'est la vie* (1998) de Thierry
    Jonquet ; *Jeune Femme rouge toujours plus belle* (1987) de Frédéric Fajardie ; *Cama-
    rades de classe* (2008) de Didier Daeninckx. On peut ajouter également *Disparu en
    mai 68* (2004) de Noël Simsolo ou, plus récemment encore, *Une ville en mai* (2016)
    de Patrick Raynal. Dans l'œuvre de Jean-Patrick Manchette, on ne trouve presque
    aucune référence à Mai 68 – ni dans ses romans ni dans ses chroniques. Quant à
    Jean-François Vilar, nous analyserons son œuvre plus en détail par la suite.

Black Exit to 68

Le recueil *Black Exit to 68*, publié aux éditions La Brèche en 1988, est un ouvrage de commande : une série d'écrivains issus du roman noir ont été invités à produire, en un mois, une nouvelle sur 68. Si ce court laps de temps a inévitablement donné lieu à des textes de qualité inégale, le recueil est néanmoins précieux en tant que document historique, car il permet de saisir un esprit du temps, tout en situant le genre "noir" dans la bataille des mémoires qui se joue alors autour de Mai. Au lieu d'analyser chaque nouvelle l'une après l'autre, nous relèverons les tendances qui se dessinent à travers le recueil, avant de nous focaliser sur une nouvelle en particulier, "Karl R. est de retour" de Jean-François Vilar, qui nous semble la plus intéressante quant aux rapports entre la mémoire, les mythes et le soulèvement.

En mai 1988 où les révoltes de Mai sont converties en événements purement culturels menés par des jeunes refusant le mode de vie de leurs parents (un banal conflit de générations), de nombreuses nouvelles du recueil soulignent la dimension violente de 68 et brisent ainsi l'image dominante d'un mouvement bon enfant. Dans une dizaine de textes, des manifestants sont grièvement blessés ou meurent à la suite d'affrontements avec "l'attirail guerrier"[34] des forces de l'ordre. Dans "La Relique" de Noël Simsolo, par exemple, une jeune manifestante perd la mémoire après avoir été brutalisée en pleine rue : "Le choc dépassa ses craintes. Le sang coulait. Les CRS s'acharnaient sur une jeunesse effarée, aplatie sur le sol et bourrée de coups de pied. Carole se tenait la tête. Ses doigts protégeaient mal son visage. Recroquevillée sur elle-même, elle vomissait" (p. 29). Vingt ans plus tard, alors qu'elle est toujours muette et amnésique, le CRS qui l'avait frappée est nostalgique des événements : "il revoyait la charge de la rue des Écoles. Il se sentait vivre comme jamais plus il ne vivrait" (p. 30). En soulignant cette jouissance de la violence qui rétablit l'ordre, l'auteur assimile les forces de police à une forme de fascisme.

Alors que les médias de l'époque accentuent la dimension individualiste et hédoniste de Mai 68, le recueil met en avant l'aspect proprement politique du mouvement. Bien des nouvelles évoquent les innombrables factions, groupuscules et associations nés à cette époque, signalant ainsi la dimension communautaire de 68 – d'autant qu'au-delà des divisions, les groupes faisaient front contre un ennemi commun, comme le rappelle le narrateur de Pouy : "le seul accord [...] était de rentrer dedans aux fachos, là, l'union sacrée, les lodens verts

---

34 *Black Exit to 68. 22 nouvelles sur mai* (Montreuil : La Brèche-PEC, 1988), p. 19. À partir d'ici, la pagination sera indiquée dans le texte entre parenthèses.

ne passeront pas, éradiquons à jamais le chancre naze" (p. 86). Dans la nouvelle d'Alain Bellet, un ancien soixante-huitard revient à Paris après être allé,
pendant plusieurs années, "allumer des sbires d'orgas fascistes en Amérique du
Sud" (p. 144). Au contraire, dans le récit de Daeninckx, un clochard opportu-
niste qui se retrouve malgré lui dans une manifestation d'extrême-droite – des
anciens parachutistes – se fait massacrer : "Le premier carré des manifestants
s'ouvrit et se referma aussitôt sur lui. Un para en treillis, béret rouge incliné sur
l'oreille, la poitrine bardée de médailles le toisa. […] Son dernier cri fut couvert
par le million de voix de la France enfin retrouvée" (p. 60). La situation idéologique est résumée en une formule laconique par Fajardie : "le successeur de
Pétain s'appelait de Gaulle" (p. 21).

Dans ces nouvelles, les auteurs des crimes sont toujours les policiers, les gen-
darmes et les CRS, et comme on l'a vu dans le récit de Simsolo, ils ne regrettent
pas leurs actes. Ceux-ci demeurent d'ailleurs souvent impunis. Aucune nouvelle
ne fait état de policiers tués durant les manifestations, mais trois récits racontent
la vengeance de militants vingt ans après les faits. Dans "Hommage au flic
inconnu", un jeune manifestant se fait casser le bras par un policier pour avoir
écrit un slogan sur un mur ; en 1988, la scène se reproduit : le même homme
tague une façade, le même policier lui casse le bras. Mais cette fois, le militant
ne se laisse pas faire : "sa main gauche, armée d'un solide couteau, m'arrache les
tripes" commente policier en mourant (p. 120). Dans "La Relique", l'homme qui
avait recueilli la jeune femme devenue amnésique se venge lui aussi vingt ans
plus tard en poussant le CRS qui l'avait violentée dans la Seine : "Pierre-Alain
regardait le flic se débattre dans les flots glacés. Il attendit calmement que la
congestion gagne sa victime. Sûr de son fait, il abandonna le cadavre" (p. 31).
Dans la nouvelle de Joseph Périgot, un vieil homme de quatre-vingts ans ayant
participé vingt ans plus tôt à Mai 68 tente de tuer Jean-Marie Le Pen avec sa 2CV.
Ces nouvelles indiquent ainsi qu'en 1988, la mémoire des luttes est encore vive ;
les auteurs des injustices ont encore à craindre les conséquences de leurs crimes.

Le recueil rappelle par ailleurs que 68 n'était pas uniquement un mouvement
étudiant. Dans plusieurs nouvelles, les protagonistes sont des ouvriers qui, tout
en regrettant parfois la distance qui les sépare des universitaires, participent
aux actions. Maj Käffer décrit ainsi la joie d'un ouvrier imprimeur qui travaille
le jour et écrit la nuit : "dans le Quartier latin, il avait vu les nombreux bombages
sur les murs, les abribus et les socles de statues. Il ressentit un besoin fou de laisser lui aussi des messages à la ville entière" (p. 119). Jean-François Vilar, quant à
lui, se garde de distinguer les étudiants des ouvriers ; il efface leurs différences
d'appartenance en les qualifiant indistinctement d'"émeutiers". Néanmoins,
dans quelques nouvelles, on s'aperçoit que l'éviction historiographique des

luttes ouvrières commence à prendre forme : dans la nouvelle de Rémi Kauffer, par exemple, des ouvriers ne comprennent rien à l'événement, déforment tous les mots et participent à certaines actions un peu malgré eux, sans conviction idéologique. Il est évident que tous les ouvriers (ni tous les étudiants) n'étaient engagés à cette époque, mais une telle mise en récit dans un recueil dédié à Mai est significatif d'une certaine lecture historique en train de s'imposer.

Une dernière constante du recueil est le reniement des idées. À la manière de Hocquenghem, de nombreuses nouvelles critiquent l'ascension fulgurante d'anciens militants dans les médias, la politique et l'entreprise. Dans le récit de Gérard Delteil, par exemple, le protagoniste se nomme "Jules Cergy", anagramme à peine voilée de Serge July, ancien dirigeant de l'Union populaire marxiste-léniniste et directeur du journal *Libération*. Dans le récit, Cergy donne des conférences dans des hôtels au sujet de la compétitivité des médias – mais la nuit, des cauchemars le hantent, il semble craindre les conséquences de son retournement de veste. Peut-on parler pour autant de désenchantement ? Il semble que même les nouvelles les plus pessimistes sont porteuses d'espoir : presque toujours, des personnages continuent la lutte. Dans le dernier texte du recueil, un professeur quadragénaire se lamente : rien n'a changé, il s'est battu pour rien, la jeunesse dort. Alors qu'il débite son discours défaitiste, il est soudain interrompu :

> Attendez, on sonne à ma porte ! C'est un étudiant issu d'un milieu prolétaire qui m'envoie, à moi le professeur, si violemment son pied au cul que je tombe par terre. "Debout mon vieux", me dit-il, en m'aidant à me relever. Au lieu de sombrer, allons ensemble voir *Himmel über Berlin* de Wim Wenders et nous retrouverons espoir. (p. 194)

Manière de dire qu'il est inutile de gémir, car l'esprit de révolte n'est pas mort – même au cœur des années 1980.

Jean-François Vilar et l'archéologie des luttes

La nouvelle écrite par Jean-François Vilar rejoint les réflexions de Marx et de Jesi au sujet du rapport des révoltes au passé. Le récit s'ouvre sur une nuit d'effervescence, rue Gay-Lussac : la chaussée est dépavée, des barricades sont érigées et les émeutiers luttent de toutes leurs forces pour tenir la rue, même si leur acte de résistance est gratuit : la barricade "était très absurde puisqu'elle défendait l'entrée d'une rue en impasse" (p. 61). Tout semble un jeu jusqu'à la charge brutale des "hordes noires" de la police : "Elle en vit un autre, complètement aveuglé, courir vers les CRS. Des crosses de mousquetons l'accueillirent, le martelèrent. Il hurla, puis se tut. Il y aurait des morts, cette nuit" (p. 63). Au milieu de cette guerre inégale qui fait rage, un vieillard se promène le sourire aux lèvres, en fumant sa pipe.

Le personnage mystérieux semble ne pas se soucier des dangers qui l'entourent, comme s'il ne pouvait en être atteint. " Lara vit le petit vieux descendre vers la place Edmond-Rostand, vers les flics. Il était dingue" (p. 62). Elle le perd de vue et reprend la bataille, aussi dure qu'enthousiasmante : "Près d'elle un copain, le visage ensanglanté, riait aux éclats. 'La plus belle nuit de ma vie !'" (p. 63). Plus tard, lorsque les forces de l'ordre reprennent le dessus, Lara se réfugie avec d'autres camarades dans l'appartement d'un psychanalyste engagé. Elle y retrouve le vieil homme assis dans un coin : il "semblait parfaitement serein, regardait même d'un œil amusé les rescapés qui l'entouraient" (p. 64). Lorsqu'elle engage la conversation, il s'étonne de l'incompétence de la police, qui ne parvient pas à abattre des barricades "aussi médiocres", puis la questionne sur les choix stratégiques du soulèvement : "comment expliquez-vous cette absence d'armes, de notre côté ?" (p. 64) Dans toute sa simplicité, cette question suggère que la révolution n'aboutira pas si les schémas de pensée habituels ne sont pas interrogés : le pouvoir est armé, les opposants ne le sont pas.

Cette question laissée sans réponse provient d'un autre âge. Comme l'indique le titre de la nouvelle, *Karl R. est de retour*, le vieil homme est un revenant. À partir de son prénom et de son pseudonyme (Parabellum), Lara parvient à l'identifier dans un livre sur le parti bolchévique : il s'agirait de Karl Radek, un personnage historique ayant joué un rôle de premier plan au sein des partis communistes allemand et russe. Après avoir échappé aux purges successives, il a été condamné à mort en 1937, puis interné dans un camp de Sibérie, où il serait mort dans des circonstances mystérieuses.[35]

– Quel âge aurait-il, maintenant ?
– Quatre-vingt-trois ans, dit Alain après un calcul rapide.
– Tu y crois ?
– Pas le moins du monde. (p. 70)

Personne n'y *croit*, à cet homme étrange qui a des allures de spectre : "il ne dor[t] jamais", "se fond tout naturellement dans le désordre de ce Mai somptueux" (p. 72), et parvient à voler les policiers sans se faire remarquer. Au fil de leurs rencontres, Lara finit par lui accorder sa confiance et l'héberge chez elle.

La nouvelle tient une position médiane par rapport aux réflexions de Jesi et de Marx. Il est évident que l'apparition de Radek symbolise le surgissement d'une temporalité historique ancienne – mais encore vivante – au cœur du présent

---

35 Vilar semble éprouver une affection particulière pour cette figure : le chat de Victor Blainville, le personnage qui revient dans tous ses romans, porte son nom.

de Mai. Les émeutiers deviennent ainsi contemporains des luttes passées, qui contribuent à les orienter. De fait, Radek était responsable de la propagande et de l'instruction de la jeunesse dans la Russie révolutionnaire, et il influence la conduite de Lara en lui suggérant l'idée du soulèvement armé. Lorsqu'il lui confie un pistolet qu'il a dérobé à un policier, elle en est d'abord effrayée, mais finit par le garder : "finalement, elle n'avait pas tellement envie de se séparer du pisto-let" (p. 70). Elle est toutefois la seule à lui accorder son attention – le mouvement dans son ensemble y reste hermétique. Si le livre de Jesi suggérait implicitement que Mai 68 avait manqué de références mythiques, Vilar semble le regretter lui aussi : une relation différente au passé aurait sans doute donné une autre tour-nure aux événements. Néanmoins, Radek étudie le mouvement avec passion ; il collectionne les tracts et participe aux réunions, tout en "s'abstena[n]t de trop commenter" (p. 71). La hantise a ses limites, les insurgés doivent inventer leurs propres formes et se tourner vers l'avenir – "je suis juste une hypothèse" (p. 77), déclare-t-il. Annonçant peut-être l'échec de Mai, tout en indiquant son potentiel mythique futur, le vieil homme se laisse tuer après avoir provoqué des CRS en chantant l'Internationale. À un niveau allégorique, la mort de ce défenseur de la lutte armée signe également la fin d'un certain imaginaire révolutionnaire.

Toute l'œuvre de Vilar, inspirée de Walter Benjamin, du surréalisme et du situationnisme, interroge le rapport de la révolte à la mémoire. Victor Blainville, son personnage récurrent, est un photographe, ancien militant soixante-hui-tard dont la prise de conscience politique date de l'enfance, lorsque son père l'emmène à la manifestation qui aboutit au massacre de Charonne. Quand il ne participe pas aux soulèvements populaires, il passe ses journées à se promener dans Paris, l'appareil photo à la main, à la manière d'Atget[36] :

> Il y a longtemps que j'ai choisi d'aimer Paris malgré tout. Il ne m'aurait pas déplu d'y vivre plus d'émeutes. L'amour de la rue, c'est d'abord cet investissement-là, avec ses stratégies, ses ruses, sa violence au bout du compte. L'insurrection. Il ne me déplaisait pas non plus d'être un simple flâneur.[37]

Ses dérives urbaines se transforment souvent en enquêtes flottantes qui font émerger des profondeurs de la ville toute une stratigraphie[38] de la révolte : de

---

36 Il le considère comme son modèle : "les fantômes diaphanes qu'on distingue sur les images d'Atget, ces 'bougés' de la vie anonyme, ce sont finalement les détails les plus émouvants. C'est grâce à eux que ces photos ne seront jamais de simples 'documents'.", Jean-François Vilar, *Passage des singes* (Paris : Presses de la Renaissance, 1998), p. 250.

37 Jean-François Vilar, *Bastille Tango*, (Arles : Actes Sud, 1999 [1986]), p. 324.

38 Je dois l'emploi de ce terme à l'article d'Ezio Puglia, "Stratigrafie di superficie: Tempo archeologico e spazio urbano", A. Demeulenaere, F. Gernert, N. Roelens (éds.),

la Révolution française à mai 68, en passant par la Commune de Paris et le
réseau Jeanson, le présent est traversé d'énergies qu'une archéologie sensible
doit mettre au jour :

> Je ne pouvais pas faire autrement. Je m'en rendais toujours compte après coup. Aucune
> hallucination n'était de mise, hélas, ç'aurait été trop confortable.
> – Vous voyez les choses ?
> – Je les sens. Les histoires suintent de partout. On n'y pense plus, on les ignore. Moi,
>   dans le pire des cas, elles m'absorbent. Lorsque je ne vais pas trop mal, elles me
>   guident.[39]

Paris est peuplé de fantômes et "les fantômes ne demand[ent] qu'à surgir"[40] –
Victor est le passeur qui assure leur retour.

Dans les romans de Vilar, il s'agit moins de "sauver quelque chose du temps
où l'on ne sera plus jamais",[41] comme le veut Annie Ernaux, que de capter l'ins-
tant historique au sein du présent que l'on habite. Au lieu d'enregistrer un événement passé, Victor souligne la non-contemporanéité du présent, travaillé
par des temps multiples encore vivants – pour peu qu'on y soit sensible. Car la
stratigraphie de la révolte demeure invisible à l'œil innocent, d'autant plus qu'à
cette époque, la disparition du passé affecte l'urbanisme parisien de manière
dramatique[42] : "Mais comment peut-on être bête au point de vouloir faire d'un
endroit dont toute l'histoire est marquée par le travail, le désespoir, les amours
sans issue, les révoltes assassinées et la mort, le cadre d'une déambulation pour
week-ends heureux ?"[43] Le personnage s'inquiète de ces changements et répète
souvent qu'il déteste quitter Paris, comme s'il craignait qu'en son absence, les
fantômes ne disparaissent pour toujours.

En effet, comme on l'a vu avec Radek, "le spectre court des risques. Avant
toute chose, le risque de ne pas être remarqué ou d'être volontairement

---

Chorographies : les mises en discours de la ville (Wiesbaden : Reichert Verlag, 2017),
pp. 79–85.

39 Jean-François Vilar, *Nous cheminons entourés de fantômes aux fronts troués* (Paris : Le
    Seuil, 1993), p. 169.

40 Jean-François Vilar, *Les Exagérés* (Paris : Le Seuil, 2008 [1989]), p. 253.

41 Annie Ernaux, *Les Années*, p. 242.

42 Les transformations des années 1960–1970 à Paris est souvent comparée aux transfor-
    mations sous Hausmann. Voir Norma Evenson, *Paris: a century of change, 1878–1978*
    (New Haven : Yale University Press, 1979).

43 Jean-François Vilar, *C'est toujours les autres qui meurent* (Arles : Actes Sud, 2008
    [1981]), p. 98.

ignoré."[44] Dans un article sur la capacité (voire l'incapacité) des migrants à nous hanter, Esther Peeren suggère que Derrida, dans *Spectres de Marx*, s'est montré trop optimiste, dans la mesure où il semble donner pour acquis que les spectres ont en tant que tels le pouvoir de s'imposer aux vivants. Si l'on revient à l'exemple de Spartakus, il est clair que le meneur des esclaves ne hante plus l'esprit des révolutionnaires – à moins qu'ils ne fassent explicitement *appel* à lui, en le convoquant. L'idéologie de la "fin de l'Histoire", qui s'établit au moment où Vilar écrit, est précisément une pensée qui dénie aux luttes de gauche toute capacité de hantise : les spectres révolutionnaires sont ignorés, méprisés, ridiculisés. Comme d'autres romanciers du genre noir, Vilar avait compris qu'il fallait, plus que jamais, leur accorder notre attention, signifier leur présence et reconnaître leur force. Le fait que Derrida ait publié son livre précisément au moment où l'on chantait la mort définitive du marxisme indique d'ailleurs qu'il avait, lui aussi, bien conscience du risque encouru par les spectres.

***

"L'héritage n'est jamais un *donné*, il est toujours une tâche".[45] Les années 1980 nous rappellent que, pour le pouvoir, l'oubli (des luttes) en est une autre. Contre la politique de la mémoire qui s'impose alors, le genre excentré du noir travaille à rendre l'héritage possible, en maintenant dans le présent du lecteur à la fois les crimes du passé et la joie des soulèvements. Hériter de l'échec, pour cette littérature, revient à signaler que celui-ci n'est jamais définitif, contrairement à ce qu'une certaine idéologie du temps (uniforme, rectiligne) voudrait nous faire croire. Mai 68, son esprit, comme celui de toutes les insurrections passées, peut revenir, à condition qu'on lui prête attention, qu'on l'empêche de sombrer dans le néant. L'œuvre de Jean-François Vilar, en particulier, thématise cette urgence et suggère qu'il nous faut engager une science du passé, l'archéologie sensible, qui permette de faire surgir dans le présent des énergies historiques enfouies sous le récit des vainqueurs. Mobilisées (via ce que Furio Jesi nomme, de façon laudative, la *propagande*), ces énergies rendraient ainsi possible l'infléchissement du cours historique en direction d'un futur différent. Peut-être serions-nous alors en mesure de savoir ce que signifie, aujourd'hui, se laisser hanter par 68, et comment autoriser sa revenance.

---

44 "*Ma anche lo spettro corre dei rischi. Prima di tutto, il rischio di non essere notato o di essere deliberatamente ignorato*", Esther Peeren, "Fantasmi a perdere. Le vite spettrali dei migranti", dans Ezio Puglia *et al.* (éds.), *Ritorni spettrali. Storie e teorie della spettralità senza fantasmi* (Bologne : Il Mulino, 2018), p. 97. Je traduis.
45 Jacques Derrida, *Spectres de Marx* (Paris : Galilée, 1993), p. 94.

Qui sommes-nous ? Biographies des contributeurs

Guillaume Bellehumeur est doctorant au Département des littératures de langue française, de traduction et de création à l'Université McGill. Il termine une thèse sur la réappropriation de la critique situationniste dans la littérature contre-culturelle québécoise. Ses champs de spécialisation sont la littérature québécoise depuis 1960 et les avant-gardes du XXᵉ siècle. Une partie importante de ses travaux porte sur l'Internationale situationniste et sa figure de proue, Guy Debord. Il participe notamment à l'édition des fiches de lecture de ce dernier dans *La librairie de Guy Debord*, une série en cinq volumes aux éditions L'échappée. Il signera aussi, à l'automne 2020, la postface d'un ouvrage consacré à Patrick Straram, aux éditions Nota Bene.

Anna Clayfield est professeure associée (Senior Lecturer) en Études Hispaniques et Latino-Américaines à l'Université de Chester. Ses recherches portent sur l'histoire et la culture cubaines, plus particulièrement sur l'influence cubaine sur les mouvements armés en Amérique Latine, au Québec et au-delà. Elle a écrit notamment *The Guerrilla Legacy of the Cuban Revolution* (University of Florida Press, 2019 et co-édité le recueil *Cuba's Forgotten Decade : How the 1970s Shaped the Revolution* (Lexington, 2018).

Emir Delic est Professeur au Département d'études françaises de l'Université Sainte-Anne, et spécialiste des littératures francophones du Canada. Il s'intéresse tout particulièrement aux figurations de soi, individuelles et collectives, de sujets marginaux ou marginalisés. Ses recherches des dernières années gravitent autour de trois axes, à savoir la problématique du temps, la notion de frontière et les représentations de l'affect. Parmi ses publications récentes, figurent le volume *Altérations des frontières, frontières des altérations. Le paradoxe des espaces frontaliers dans les littératures franco-canadiennes* (David, 2018), qu'il a dirigé avec Julie Delorme, ainsi que le numéro spécial de *Voix et Images* sur l'œuvre de Patrice Desbiens (n° 132, 2019), qu'il a préparé avec Pierre Nepveu. En 2020, son étude intitulée "Robert Dickson, troubadour de la sollicitude" (dans Lucie Hotte et Johanne Melançon (éd.), *Robert Dickson. Écrire en temps de paix relative*, Sudbury, Prise de parole, 2019) lui a valu le Prix du meilleur article de l'Association des professeur.e.s de français des universités et collèges canadiens.

Alex Demeulenaere est maître de conférences en langues et littératures romanes à l'Université de Trèves. Il a publié au sujet des littératures (post) coloniales et (post)nationales dans les cultures francophones (France, Belgique, Afrique, Canada), des études en traduction, des récits de voyage et de la théorie littéraire (Said, de Certeau). Dans sa thèse de doctorat (Louvain 2007), il s'est basé sur l'analyse du discours pour étudier l'ethos narratif et la construction de crédibilité scientifique dans les récits de voyage coloniaux français. En tant que membre de l'IRTG "Diversity", il a terminé son habilitation en 2019 en se basant sur des développements dans le même domaine (par exemple la posture) pour une étude diachronique de la littérature (post-)nationale au Québec. Il a publié entre autres *Jeux de mots, textes et contextes* (De Gruyter, 2018) avec E. Winter-Froemel et *Interfaces franco-allemandes dans la culture populaire et les médias* (LIT, 2017) avec C. Vatter.

Alain Farah est écrivain. Depuis 2004, il a fait paraître cinq livres dont *Pourquoi Bologne* (Le Quartanier), *Le Gala des incomparables* (Classiques Garnier) ou *La ligne la plus sombre* (La Pastèque). Professeur à l'université McGill, il enseigne la littérature française contemporaine et la création littéraire. On peut l'entendre, depuis 2011, à l'émission *Plus on est de fous, plus on lit* sur les ondes de ICI Radio-Canada Première.

Julien Jeusette est chercheur postdoctoral à l'Université de Milan. Ses recherches portent sur la dimension politique de la littérature (XXᵉ et XXIᵉ siècles), et il a publié entre autres : *Écrire la Révolution. De Jack London au Comité invisible* (dir. avec Emilie Goin), Presses universitaires de Rennes, coll. "La Licorne", 2018 ; "Pour une poétique destituante : Lefebvre, Lordon, Quintane", Revue *Fixxion*, n° 20, 2020 ; "Le XXIᵉ siècle ou la séparation achevée. Éthique et technologie dans *Anima Motrix* d'Arno Bertina", *Études littéraires*, vol. 49, Presses universitaires de Laval, 2019, p. 143–154.

Timo Obergöker enseigne la littérature et la culture françaises à l'Université de Chester au Royaume-Uni. Il s'intéresse à la littérature française, belge et québécoise ainsi qu'aux Études Culturelles. Parmi ses publications récentes : *Prise de possession. Storytelling, Culture populaire et colonialisme* (Würzburg, Königshausen und Neumann, 2016), *La place de la République dans la littérature française contemporaine* (Berlin : Peter Lang, 2020).